MASSIMO WOLKE

PFERDE SUCHSEL

MASSIMO WOLKE

PFERDE SUCHSEL

Bibliografische Information der Deutschen Nationalbibliothek:
Die Deutsche Nationalbibliothek verzeichnet diese Publikation in der Deutschen
Nationalbibliografie; detaillierte bibliografische Daten sind im Internet über
http://dnb.dnb.de abrufbar.

© 2018 Massimo Wolke
Herstellung und Verlag:
BoD – Books on Demand, Norderstedt

ISBN: 978-3-7528-6135-8

GRUNDAUSSTATTUNG

LEICHT

SUCHSEL 1

```
J  S  T  E  I  G  B  Ü  G  E  L  R  I  E  M  E  N  S  U  U
D  I  K  D  F  A  H  L  Q  N  F  A  J  D  Z  J  P  P  G  O
R  K  K  M  Y  F  T  E  D  U  Z  L  F  B  M  J  R  H  H  L
E  E  V  I  J  N  H  H  U  C  D  O  E  I  N  S  D  Z  U  F
I  Z  W  G  V  X  R  P  N  V  E  Q  F  A  F  T  I  T  F  J
E  O  T  I  L  A  J  A  M  I  H  C  W  K  X  R  H  M  A  Z
C  O  S  G  A  C  H  D  R  A  G  O  P  J  Y  I  Q  P  U  C
K  K  A  B  S  C  H  W  I  T  Z  D  E  C  K  E  U  T  S  U
S  D  J  Q  P  N  Q  A  Q  E  N  X  L  O  N  G  E  A  K  K
Z  Q  S  F  R  D  T  S  H  F  U  T  T  M  C  E  D  A  R  X
Ü  D  Z  O  I  S  H  S  M  B  H  H  Y  L  G  L  T  G  A  O
G  G  W  Z  N  F  M  E  Q  W  G  U  O  S  T  N  N  W  T  G
E  Z  S  Q  G  M  A  R  T  I  N  G  A  L  G  O  T  D  Z  H
L  I  U  V  S  R  K  T  C  W  B  G  A  M  A  S  C  H  E  N
Y  X  A  F  A  B  Q  R  P  Z  Y  T  A  J  P  B  S  K  R  P
U  S  N  U  T  J  G  E  V  E  Y  O  A  B  E  W  K  S  L  G
U  J  G  D  T  T  G  N  O  M  Z  E  H  E  K  M  I  U  O  A
G  X  N  H  E  M  T  S  M  M  S  H  J  F  N  W  R  O  M  K
V  E  A  G  L  W  R  E  G  E  N  D  E  C  K  E  Z  R  K  F
I  W  S  A  T  T  E  L  N  B  Z  H  U  N  F  M  H  W  U  H
```

ABSCHWITZDECKE – DREIECKSZÜGEL – GAMASCHEN –
HUFAUSKRATZER – LONGE – MARTINGAL – PAD –
REGENDECKE – SATTEL – SPRINGSATTEL –
STEIGBÜGELRIEMEN – STRIEGEL – WASSERTRENSE

KÖRPERBAU

MITTEL

SUCHSEL 2

```
L S E E T N I H T X G S V N J Z X D R B I U A O T
S M I S T O U N S E K V K K F E L M W V R B T Z T
X U T Q B Q X G S N S O Y N N H C C J C V U O R U
L L A G U M E G Q K U R L O V X K F D X V A D F F
Q U T Y V K J G X V N D P H A H K I W I I E U M P
Y Z C X F P K U R R F E S S E L G E L E N K I D H
V H E P P F O G J G E R O V I C X S L S M R D U D
S A L U R U P M D J N F D C M K H Q B B U O I F J
W G B W A D Q G Z N X U A C Z S R T O L N Y G S L
A F U V Y V K O E A L ß Z M B D Q U K I E R J I F
D A D K G D Y L T D H W I E N F R P P O W S F P X
S L E V A A V E G M O U D I Y V J T K P P Y S M I
W K I Q N R A I U C R R A M S K O P F H E F S E A
J A E P A I P Z M I P Z L M Y D G P F F R V L X A
W F R G S E Y A V M Q E M S S H V Y V C R O N Q I
H Z S J C Z M P L A Z L C Z N K S W L K I I U N Z
I R K T H V N F R G H G D K T A M T S D S Y D B U
R V C G E O T B T S E E O J A R F J R K J V R B D
S E I I N R T D G N V L P D X F Ö W Q C W Z N H W
C V O E I L N S Y M Q E E Q P T A H U O D S H I E
H T V R N T S C H W A N E N H A L S R A O F X H I
H Q Y R Q G L N E P K K Z S K O P F G B G N R U H
A G U X U J D D D U J Y Z U W W C E A J E S R N R
L K T U C H J W U A H I R U M P F D Y P W I E M W
S G S B G R V Y U A V M E H L M A U L X W P N N K
```

BLESSE – FESSELGELENK – GANASCHEN – HECHTKOPF –
HIRSCHHALS – KARPALGELENK – KOPF – KRUPPE – MEHLMAUL
– RAMSKOPF – RÖHRBEIN – RUMPF – SCHWANENHALS – STERN
– VORDERFUßWURZELGELENK

ORGANE DES PFERDES
MITTEL
SUCHSEL 3

```
Z  Q  D  I  C  K  D  A  R  M  V  Z  C  A  B
I  S  U  V  E  M  T  I  L  L  A  Z  A  N  I
M  Z  D  Z  U  A  C  B  E  A  O  O  V  G  F
F  L  L  M  W  G  E  E  B  L  K  A  R  Q  L
W  C  J  X  V  E  G  K  E  S  R  H  J  T  D
P  E  W  A  I  N  R  R  R  P  K  P  T  R  A
S  S  T  N  K  N  G  C  I  S  B  I  H  I  I
H  I  E  M  W  I  U  T  H  M  Q  J  P  R  S
W  E  U  I  K  E  M  H  Q  F  M  F  S  F  B
U  L  R  L  F  R  C  W  I  U  E  D  Z  M  F
L  V  O  Z  P  E  N  U  S  K  E  L  A  R  A
U  L  N  A  T  N  H  O  W  E  P  C  L  R  G
K  H  W  X  H  U  M  D  Ü  N  N  D  A  R  M
L  E  B  U  J  D  H  X  X  R  E  H  C  F  S
D  L  U  N  G  E  U  V  X  F  P  R  A  T  U
```

AORTA – DICKDARM – DÜNNDARM – GRIMMDARM – HERZ –
LEBER – LUNGE – MAGEN – MILZ – NIEREN – ZWERCHFELL

KÖRPERTEILE
SCHWER
SUCHSEL 4

```
K  I  N  N  R  U  K  N  E  H  U  V  L  N  D
S  B  H  R  U  N  V  M  T  Q  A  O  Y  V  S
C  P  R  F  E  L  H  F  H  V  W  R  P  E  X
H  Z  V  U  Q  T  A  O  B  S  Z  D  P  L  J
W  F  E  S  S  E  L  B  E  U  G  E  C  L  P
E  G  Y  R  N  T  S  U  C  X  C  R  I  E  L
I  D  U  C  Z  E  J  Z  H  K  K  R  H  N  J
F  C  G  N  Z  P  K  Q  O  C  C  Ö  D  B  L
R  K  N  Y  T  T  W  C  Q  B  S  H  I  O  H
Ü  H  Ü  Y  D  E  E  V  Ü  K  M  R  E  G  X
B  K  S  I  L  H  R  U  Y  R  B  E  N  E  U
E  P  T  K  H  P  E  A  P  R  A  D  F  N  D
E  B  E  T  R  B  L  K  R  U  P  P  E  R  C
J  O  R  Z  L  L  P  N  D  M  V  V  W  N  R
J  W  N  Y  A  H  M  B  L  F  G  A  K  T  G
```

BRUST – ELLENBOGEN – FESSELBEUGE – HALS – KINN –
KRUPPE – NÜSTERN – RÜCKEN – SCHULTER – SCHWEIFRÜBE
– UNTERARM – VORDERRÖHRE

GRUNDAUSSTATTUNG
MITTEL
SUCHSEL 5

```
X S M H W M N E K R B K H Q D Z M W T K S J Z L O
U A V S H R C M T U M B I A I P C L B Q W C Y J D
V S W U R Z E L B Ü R S T E L L C E U I R Q J W P
Z I A S U O X I L N X Z V M K F J D P N A C U W X
Q F E T P A B T A U A E U U A T T K S O N Q K I A
S I A L T N N D K H E H B I L S U E B I E U O O G
O M B D S E P B C M V T H N Y W N F R N V K V V B
L S P F Y E L K P D Ä T G X T Y I A N S Z I M V T
I C R F R I I G D G E H S U R I O A F I P S G Q T
V Y P P E T J T U A M C N I G C A A H U E S L N Z
E R M S S R F W I R B O V E Y S M E U F H E G N Z
N D J X T W D I E G T I T Q N C L S I L Q N H C C
K J M Q A O Y E T A K K H X Q K A Y X I P E P Y Q
O E B H N R R N S T R E I C H K A P P E N M K S J
P G Q T G D J T S C T Q I Q D I Y M V G N Q T L Q
F R A D E V F T R W H F S T T Z Y F M E P R T G Z
T I D P N P O S N E T A W U S R I A U N U V A H S
R W T B T A A Y F R G R M P G S T U Z D A X V V P
E D T W R N B R E R D G B P T S A J V E Z J S R W
N E E S E G I Q E Z S T H E O L H T J C R B T T N
S T U G N G E P N I O R Y W U O Y I T K H Q N C N
E M P H S Q M A F Y T U L B A N D A G E N X L L N
L A A T E Z D T U U X P P Y K A G S E L L H A S K
N D W D G M I Y N G J X A Z X R D A H D Z V F R P
I F E M J Y B H U D M H J D G V K H A K D Z W R O
```

BANDAGEN – FLIEGENDECKE – HALFTER – KISSEN –
MÄHNENKAMM – OLIVENKOPFTRENSE – PFERDESCHAMPOO –
REITPAD – SATTELGURT – STANGENTRENSE – STREICHKAPPEN –
VIELSEITIGKEITSSATTEL – WURZELBÜRSTE

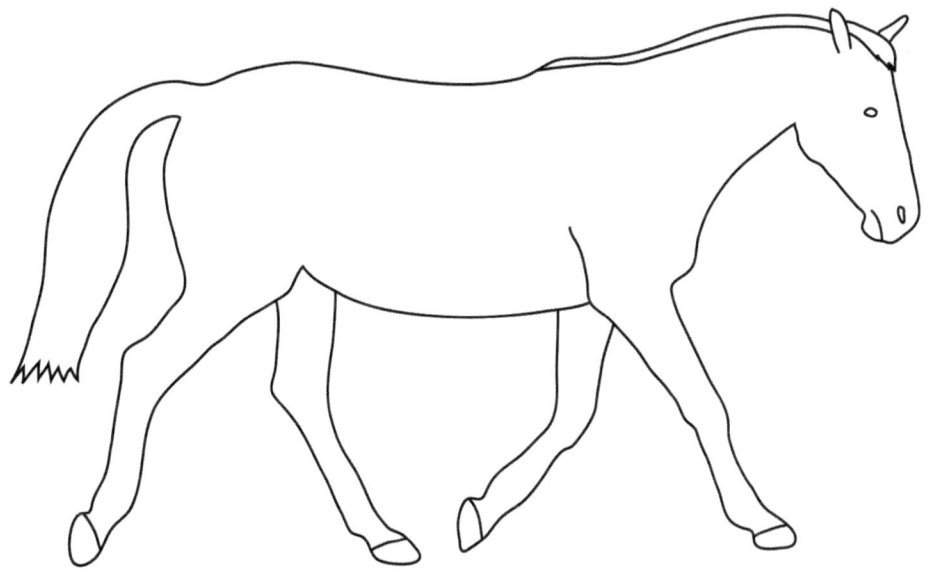

DRESSUR
SCHWER
SUCHSEL 6

```
G Y H N D A S N T L Ö T S S R B O W E N
X G S C H U L T E R H E R E I N A S Z B
R U I E W S K E H R T V O L T E I H F S
K E K T S F G C G U U M M F D Q B F B K
C Z Q Q V N S Y W I S G W T G A L J N A
E M D T F L E I I L M C I X D I F M P I
R U U M U B U R A C H V O F I P A I T W
E A P D L R S H T M Y O M N N G L Y V Z
I Z I H U E N R O F A U L M D H T L E J
V V A B I P H I T M P M P Q B F A S D Z
R U F U W I Y T E U R O A D V D E B Q Z
U Z F R E V K T I R G W K T B H N I W T
S O E N A I E I O E J A K N F H C F P Y
S U F K K H W G E B R A H A E D T R A Q
E O Z G A W T K T R Q R C R Y V D R O J
R I S B J L L E Z Q O D H K P A I J Q S
D Q M O X L D I S P B W O T E V E L Z U
O J X S Z D U T C Q U T A A L T A Z O D
B R O U E D O A A H Y D B D S N A S A H
O J A R T U I Z T E N R A A H K B Q U L
```

BAHNFIGUREN – DRESSURVIERECK – HAARNETZ –
KEHRTVOLTE – OLIVENKOPFTRENSE – PIAFFE – REITHELM –
RITTIGKEIT – SCHULTERHEREIN – TÖLT – TURNIERJACKET –
ZAUMZEUG

SPRINGEN

MITTEL

SUCHSEL 7

```
B  R  D  K  A  T  I  P  O  R  M  P  T  Y  I  G  W  U  A  Q
P  Z  W  Y  C  X  W  A  W  A  L  N  E  L  Q  K  V  G  J  W
B  C  C  U  I  F  E  P  L  A  N  K  E  W  K  U  Z  F  W  H
T  A  S  Z  W  E  Q  N  K  W  Y  Z  U  X  Q  T  E  E  Z  M
J  V  D  E  S  S  P  R  I  N  G  G  Y  M  N  A  S  T  I  K
Y  A  G  I  U  Q  U  H  F  V  V  E  P  L  U  C  A  O  W  Y
A  L  S  T  W  O  X  J  J  D  D  L  J  F  A  W  U  O  B  J
Y  E  Q  S  M  Z  W  A  S  S  E  R  G  R  A  B  E  N  I  E
Q  T  E  P  T  I  M  T  C  Q  Z  Q  N  S  I  F  W  G  Z  G
S  T  K  R  W  S  G  R  D  H  J  I  G  M  T  R  Y  U  I  P
M  I  H  I  N  D  E  R  N  I  S  F  E  H  L  E  R  D  R  Q
B  A  B  N  Q  L  A  O  O  M  M  L  Q  E  O  I  C  S  B  F
F  R  L  G  W  L  X  S  P  J  N  Z  Q  C  J  S  H  H  E  Y
B  B  S  P  R  I  N  G  S  P  O  R  T  N  L  P  V  K  E  W
R  E  Y  R  D  I  O  E  U  H  D  C  Y  N  F  R  K  Q  X  N
W  I  F  Ü  O  E  P  R  R  G  R  F  M  Q  F  I  R  C  Y  X
H  T  M  F  W  A  D  S  V  Q  M  A  R  T  I  N  G  A  L  V
L  Z  P  U  N  P  H  O  S  T  Q  Q  I  P  V  G  K  W  N  B
Z  F  D  N  F  N  B  Q  D  Z  S  G  R  A  B  E  N  B  Q  J
F  D  A  G  U  A  P  T  R  A  B  S  P  R  Ü  N  G  E  W  T
```

ABWURF – CAVALETTIARBEIT – FREISPRINGEN – GRABEN –
HINDERNISFEHLER – MARTINGAL – PLANKE –
SPRINGGYMNASTIK – SPRINGSPORT – STECHEN –
TRABSPRÜNGE – WASSERGRABEN

DRESSUR

```
U M J J V Y U E Z V A G N Z U R Y A H W
I I I G D Y W V Q R A S N N W K R H H P
B B I S R O X H C O H F J T U E R R T V
H T I N M U S I K K Ü R A C T L N I N V
H O A B T F N O B R E I T H A L F T E R
I I S S U N A D K H N Q H F K Z U W P I
V S C H E Z V K G Z N W E K T V K M D R
B D H U F S C H L A G F I G U R E N S P
D R R S F M A G U V N A X F X L K Q B F
L E I H L E U W T T U G F H R V V K T E
R S T U X B L E J P V Z A S N I S J S R
X S T J K M O U K L Z R Y R H J H P H D
Q U V W V K H T D U R I C H T E R G A E
G R P Z E H O T V D M U T A K E F H B S
K S H J K R E Q X F C L C I A S N A B P
A A K V K R T T X R P Q H F A G T S R O
M T D H T U R N I E R B L U S E B S D R
M T D I T S B I O T P D Z X Q E Z C V T
O E L R J C O L F T E W W K N Q E U F R
S L H O R A S L N F E G W S R O D D L Q
```

DRESSURSATTEL – GRUNDGANGARTEN –
HUFSCHLAGFIGUREN – MUSIKKÜR – PFERDESPORT –
REITHALFTER – RICHTER – SCHRITT TAKT – TURNIERBLUSE –
WERTNOTE

SPRINGEN
SCHWER
SUCHSEL 9

```
T  K  B  T  N  S  D  Q  F  A  W  I  P  K  Y
S  G  T  B  E  G  R  Ü  ß  U  N  G  A  O  S
T  N  D  F  G  D  O  W  P  U  H  W  R  M  H
A  U  V  L  N  A  A  F  M  W  H  Z  C  B  M
N  R  K  C  I  R  L  E  P  P  O  D  O  I  M
G  E  H  O  R  S  A  M  S  S  P  R  U  N  G
E  G  H  X  P  T  W  I  M  V  Y  K  R  A  D
N  I  C  D  S  I  I  O  X  X  V  T  S  T  T
A  E  K  L  L  U  M  N  E  M  I  Z  V  I  V
R  W  T  G  I  W  C  U  V  Y  G  J  Y  O  B
B  R  L  I  T  A  H  A  W  B  F  G  Q  N  A
E  E  K  I  S  Q  J  G  E  H  X  Y  R  O  A
I  V  P  Z  E  I  T  M  E  S  S  U  N  G  Y
T  C  H  L  E  T  T  A  S  G  N  I  R  P  S
K  Z  E  U  P  K  G  N  U  R  E  T  L  A  H
```

BEGRÜßUNG – DOPPELRICK – GEHORSAMSSPRUNG – HALTERUNG – KOMBINATION – PARCOURS – SPRINGSATTEL – STANGENARBEIT – STILSPRINGEN – VERWEIGERUNG – ZEITMESSUNG

WESTERN

SCHWER

SUCHSEL 10

```
G Q Y Q S W T F D H X N F X I E M F X P V N V D S
K E M P Z J N W O H G X T L I N I O K J T P J V E
W E S T E R N K A N D A R E I D N U C N W P E W C
N R Q C E I N T Y H F I T L M O S Z S E J Z Z D M
B I P J H D S B Q D Q V R B Z E D D K G V Z S F X
Z G E T J I O O S S A L O I W D T K U N T B C B K
D B G H S M C M D Z E Y D K H H E H F A S K T F R
R X I E U P Y K U L V Y E N T B M H N T L C H L N
G H T Y J E S I L B A G O M U R G G H S S N U B X
G Q R Y D J Y F D I I N I S R P Y B D N P I I F I
U U Z T C N B M F S C N E U Y M G O J H I N G Z Y
S C F T C R X M U Y J H H X P N D A C Y E Q U Z T
H D H A S U H K R I Y V K D J A U G M V G K T O T
U S B P E N R O N K G S A E H P F O H R E M J B E
P L M P A N T Y H E R D E Q I C U T T I N G X S S
J E N A R R A N G A J G K U T D P H Q R Q F L P
L C W L D K V F A L P Z R U A E S D Z Ü G E L Z K
Y I Z O D N R E T T A P G N Z C R A I N H Q O J J
J V I O P Y I R T T Z H N M R B K O U N A U U W P
S D T S C H E N K E L H I L F E N Z J F H S X X I
S Q J A I Z A A P L Y T X E H L J W Z Q G Y B T G
O K U A I A Y A P P S T O H P N X P H K L A E A P
A B I M U X P B H C A D B N R B O O S H L J B W X
Y E G O V T W R C B U H D K N V I G G Z F M U E S
R A T I I R A N R R K Q D K D L L E D I M T B E N
```

APPALOOSA – BOXING – CUTTING –
GESCHICKLICHKEITSAUFGABEN – HERDE – LASSO – PATTERN –
RODEO – SCHENKELHILFE – STANGEN – VAQUERO –
WESTERNKANDARE – ZÜGEL

VOLTIGIEREN

LEICHT
SUCHSEL 11

```
A  S  U  Y  F  T  A  C  C  Z  A  C  K  O  Z  M  X  F  N  K
S  C  H  E  R  E  G  G  L  G  W  I  Y  Y  G  M  D  S  N  D
T  A  B  Q  E  L  O  N  G  I  E  R  P  E  I  T  S  C  H  E
A  T  D  P  I  K  N  V  N  P  E  B  A  N  M  C  T  P  U  R
N  U  P  H  N  F  A  H  B  P  E  C  D  Y  C  R  Y  V  S  R
D  R  Z  Y  Z  K  I  V  O  L  T  I  G  I  E  R  G  U  R  T
S  N  Z  H  E  N  T  C  B  U  H  R  I  Q  K  K  A  J  P  G
P  I  J  F  L  I  Q  V  A  V  C  A  B  S  P  R  U  N  G  A
A  E  Y  Q  V  E  D  Q  N  L  S  G  A  M  A  S  C  H  E  N
G  R  B  S  O  N  G  K  K  Y  O  U  J  E  T  V  A  L  R  T
A  R  H  I  L  G  J  L  A  U  F  F  E  R  Z  Ü  G  E  L  K
T  I  Q  M  T  E  Y  L  F  A  V  B  V  R  K  R  Q  C  S  J
E  C  N  M  I  I  W  F  E  E  N  D  J  I  R  I  N  F  G  N
A  H  Z  Z  G  P  E  L  U  W  W  M  L  P  R  W  R  G  M  L
M  T  M  G  I  U  R  P  F  E  R  D  E  N  O  T  E  Q  U  Y
J  E  S  S  E  M  L  G  M  T  N  Q  R  I  J  O  A  L  W  M
S  R  J  G  R  U  P  P  E  N  W  E  T  T  B  E  W  E  R  B
H  P  B  W  E  T  H  O  V  T  Z  L  B  X  H  X  L  S  M  U
C  L  A  Y  R  S  K  Z  B  O  Q  U  U  D  T  X  F  D  A  M
I  N  Z  U  N  V  I  X  Z  A  Q  A  L  E  S  D  I  U  U  H
```

ABSPRUNG – BANK – EINZELVOLTIGIERER – GAMASCHEN –
GRUPPENWETTBEWERB – KNIEN – LAUFFERZÜGEL –
LONGIERPEITSCHE – PFERDENOTE – SCHERE –
STANDSPAGAT – TEAM – TURNIERRICHTER – VOLTIGIERGURT

WESTERN

MITTEL

SUCHSEL 12

```
S  E  E  B  A  U  A  K  M  H  P  Q  A  D  A
T  H  Y  Z  N  V  I  T  A  F  A  G  L  R  C
H  L  M  V  P  I  I  G  V  N  G  L  O  S  T
O  W  G  A  G  T  W  E  L  N  D  M  T  I  P
T  R  A  I  L  S  G  B  C  Q  Y  A  R  E  K
W  X  D  S  Q  C  A  I  C  K  N  N  R  T  R
U  W  U  E  S  H  J  S  D  K  D  Ö  Y  E  X
E  G  T  K  N  E  N  S  W  H  S  V  J  L  C
A  D  B  T  W  N  R  R  Z  A  Q  E  E  E  O
K  L  X  O  U  K  J  T  I  T  B  R  H  A  W
Z  A  U  M  Z  E  U  G  R  N  I  O  U  D  G
O  B  C  S  M  L  F  W  H  E  D  Y  S  U  I
H  O  L  D  P  S  Q  Y  P  T  N  E  T  A  R
Z  F  V  H  A  I  B  L  Z  J  F  S  R  U  L
C  S  X  E  H  N  N  U  L  N  U  A  E  W  D
```

BOSAL – COWGIRL – GEBISS – HALTER – KANDARE –
MANÖVER – RINDER – SCHENKEL – SPIN – TRAIL –
WASSERTRENSE – ZAUMZEUG

MIX

LEICHT

SUCHSEL 13

```
D U Z E G O H O T E U W S P E I C H E N
H T A S P R H K G W K X W B Z F N R P E
N G W E A Q Z S N K R Y A R D Y N M B N
R F U Q C A K D S T I L S P R I N G E N
E R L R N M R N B S J C S U E K A K G X
I E S V O T E Z M C R S E R S F P T D R
T I U H W P U V T H R A R F S H L R R Z
P H B B A D Z N C E O R T S U P F S L P
A E M N W T W Y H N C Q R I R Z M J S S
D I V Q R I I B U K B P E Ü S T S B S R
N T E N I T R W I E T A N B A N P X W S
H S L S J W B U A L M S S U T U G G J E
T D A V F H E U I H O S E N T M I Q V F
U R B O S A L S W I X A Y G E E H M E V
F E K C U L K P J L B G F U L L A A A Q
O S T G I L K X U F H E X J Z R N N Z U
U S H U F E T T U E R D Z Q Q R Z Ö B S
W U Q C D X A M P S I G V S J B D V I V
K R I F A Z P B A A L S T R I C H E Y F
F G Q F Y M H K T H T C T Z O Z E R J A
```

AALSTRICH – BOSAL – DRESSURSATTEL – FREIHEITSDRESSUR – HALLE – HUFE – KREUZWIRBEL – MANÖVER – PASSAGE – REITPAD – SCHENKELHILFE – SPEICHE – STILSPRINGEN – ÜBUNG – WASSERTRENSE

MIX
LEICHT
SUCHSEL 14

```
U  P  R  Z  G  W  K  C  U  K  E  E  S  A  O
O  R  D  N  S  K  S  G  N  J  F  C  T  B  R
Z  D  W  G  S  J  P  Q  T  D  K  J  R  S  M
K  Ü  R  P  F  E  R  D  E  N  O  T  E  C  M
X  N  M  S  P  H  I  C  R  D  M  I  I  H  S
R  N  F  C  A  A  N  D  S  R  E  S  C  W  Y
G  D  H  H  O  L  G  R  C  E  H  A  H  I  K
A  A  R  I  M  T  P  H  H  D  L  B  K  T  M
L  R  T  M  T  R  L  Y  E  X  M  E  A  Z  V
O  M  P  M  D  E  A  T  N  V  A  L  P  D  T
P  X  X  E  N  J  T  H  K  B  U  L  P  E  N
P  N  H  L  K  M  Z  M  E  T  L  B  E  C  Y
C  S  X  J  I  A  I  U  L  G  P  I  N  K  T
T  G  B  R  A  U  N  S  C  H  I  M  M  E  L
W  E  S  T  E  R  N  R  E  I  T  E  N  W  I
```

ABSCHWITZDECKE – BRAUNSCHIMMEL – DÜNNDARM –
GALOPP – HALT – ISABELL – KÜR – MEHLMAUL –
PFERDENOTE – RHYTHMUS – SCHIMMEL – SPRINGPLATZ –
STREICHKAPPEN – UNTERSCHENKEL – WESTERNREITEN

PFERDEFARBEN

LEICHT

SUCHSEL 15

```
Z  V  M  F  C  F  I  S  A  B  E  L  L  A  T
C  E  A  A  A  L  S  T  R  I  C  H  W  P  I
U  Y  H  L  W  I  S  C  H  E  C  K  E  F  G
J  E  D  B  I  E  C  F  U  C  H  S  X  E  E
Z  K  N  E  Y  G  J  C  R  T  V  O  J  L  R
B  R  A  U  N  E  R  T  M  L  Z  M  A  S  S
I  I  R  O  F  N  B  F  F  D  X  M  J  C  C
B  R  A  U  N  S  C  H  I  M  M  E  L  H  H
I  R  T  F  H  C  A  O  T  N  U  R  R  I  E
R  O  T  S  C  H  I  M  M  E  L  R  O  M  C
C  Q  N  S  A  I  U  S  I  W  Z  A  N  M  K
B  V  T  E  X  M  C  E  S  R  A  P  P  E  E
X  P  A  L  O  M  I  N  O  N  D  P  T  L  D
I  W  I  N  T  E  R  R  A  P  P  E  T  Z  H
X  G  H  R  A  L  I  C  H  T  F  U  C  H  S
```

AALSTRICH – APFELSCHIMMEL – BRAUNER – BRAUNSCHIMMEL –
FALBE – FLIEGENSCHIMMEL – FUCHS – ISABELL – LICHTFUCHS –
PALOMINO – RAPPE – ROTSCHIMMEL – SCHECKE – SCHIMMEL –
SOMMERRAPPE – TIGERSCHECKE – WINTERRAPPE

KÖRPERBAU

LEICHT

SUCHSEL 16

```
R  O  B  R  A  M  S  N  A  S  E  W  J  E  H
M  B  A  S  C  H  N  I  P  P  E  I  N  C  Y
I  E  Z  F  F  H  Q  J  Z  H  C  D  M  E  E
L  I  R  S  A  I  F  L  O  C  K  E  U  D  R
C  N  P  I  U  N  O  T  N  P  O  R  V  K  Ü
H  E  R  F  E  T  R  K  S  W  A  R  O  Z  C
M  K  R  Ö  T  E  N  M  A  U  L  I  R  O  K
A  E  R  E  F  R  G  V  Q  B  S  S  D  A  E
U  Y  T  H  R  B  I  M  T  W  M  T  E  W  N
L  B  B  G  H  E  C  B  A  T  T  Z  R  B  R
F  B  H  K  E  I  L  K  O  P  F  E  B  L  O
H  L  S  S  T  N  N  L  D  H  U  F  E  U  L
V  H  A  L  S  E  W  R  H  L  R  K  I  M  Z
L  G  D  U  Z  A  E  L  A  T  E  R  N  E  N
X  E  G  S  P  R  U  N  G  G  E  L  E  N  K
```

BEINE – BLUME – FLOCKE – HALS – HINTERBEINE – HUFE –
KEILKOPF – KRÖTENMAUL – LATERNE – MILCHMAUL –
RAMSNASE – RÜCKEN – SCHNIPPE – SPRUNGGELENK –
VORDERBEINE – WIDERRIST

MIX
SCHWER
SUCHSEL 17

```
F  U  C  H  S  P  A  C  I  Y  Q  T  W  B  P  B  T  I  E  S
I  A  A  T  E  J  V  P  M  A  V  H  D  L  K  Z  A  R  H  Z
L  K  G  W  Q  N  H  T  Y  Y  S  T  I  V  U  G  H  N  A  N
R  E  N  V  E  R  S  N  S  Z  P  D  X  L  Z  F  V  I  L  U
A  V  G  P  M  B  K  L  V  M  R  R  X  D  B  E  I  E  S  E
J  E  E  Ü  P  X  Z  I  Q  R  I  E  C  F  S  Y  I  B  W  A
P  C  J  R  Z  Y  I  G  O  L  N  F  P  N  R  U  B  N  I  X
Q  O  H  H  U  ß  F  E  A  G  G  P  F  P  K  P  Z  E  R  X
E  P  U  A  H  C  O  B  U  Z  G  D  N  S  U  I  Q  I  B  I
N  M  N  H  R  W  W  T  Y  H  Y  W  L  W  U  R  A  H  E  Z
N  V  K  C  R  P  S  Y  S  O  M  L  D  M  J  B  K  C  L  G
I  K  G  H  Y  P  E  R  A  D  N  A  K  N  R  E  T  S  E  W
R  C  E  H  U  F  S  C  H  L  A  G  F  I  G  U  R  E  N  Y
L  S  P  D  L  Z  I  T  Z  R  S  A  Y  M  N  C  L  E  V  O
E  M  J  A  Y  A  B  R  E  I  T  E  P  L  A  T  Z  A  C  N
S  U  I  S  O  C  C  E  E  X  I  D  S  J  K  D  A  T  W  B
S  P  X  S  L  E  F  U  N  U  K  C  O  F  V  F  D  M  I  Q
O  N  U  X  C  M  F  A  D  A  C  M  O  L  N  L  C  G  I  S
R  E  N  U  A  R  B  M  N  I  E  B  M  R  A  R  E  T  N  U
D  E  R  U  E  O  Z  P  I  R  H  O  O  J  Y  R  R  M  J  M
```

ABREITEPLATZ – BRAUNER – DROSSELRINNE – FUCHS –
HALSWIRBEL – HUFSCHLAGFIGUREN – KRUPPE – MAUER –
PFERD – RENVERS SCHIENBEIN – SPRINGGYMNASTIK –
STOßZÜGEL – UNTERARMBEIN – WESTERNKANDARE

PFERDESKELETT

MITTEL

SUCHSEL 18

```
U D N S V Z J P N G M Z H A V H P S D U A O K L S
K N C W C T G D W M B W H D V B O S I N T N D I O
E C T J X H E R M J L V U F D H E P I E I F E V H
M V H E U L I S I Z H W F T M C Q E K P J S B X D
A N M L R W Q E K P A N B N Y M Q I U S R C A O J
B I T L I A U F N R P Y E U S B H C S M X O G U F
N P S E D O R B F B E E I C C O W H W Z W K G E I
D U V N D O M M R D E U N A H P S E Y A B T F K I
T D R B H A X R B U D I Z Q W Q M P N C H O N P Q
V N E O X U F O L E S T N W E Q C V S H X N O B L
O J H G X D A P I Z I T R M I T V P I V S E Z E F
I W F E R S E N B E I N B W F R O O O R T T P R V
I N E N L D N E S X U T S E W N B S L F T W D D E
I S L M P M U D L C S S B I I P J E C Y G J H V W
Y E B V G W U Z X H W G O R R N U W L L L O D U J
K Z Q F N K J Z L H A A I C B H P H G P S C E Q N
I P V N C W R F X N I X D S E X A W T V L D M I Q
V O R D E R F U ß W U R Z E L G E L E N K X A Z A
V U Q H E C T J T P R S I N N C N Y S O I Z I V U
B M D T C M U K A U R D Q R J B O T F W H H O N K
B I R B B N O O I Q L S I T N R E G B X I T K O N
H N Q H P E Q H M I C W Q T K B I I O B E R A R M
I O J D V E I Z C E R R J K F W Z M N U S W B A A
T V K Z X I F S L F E D M R W A E E Q S M U Z E A
L D V D T G Y S Y I S B E G W U H K U H E Z Y J L
```

BRUSTBEIN – ELLENBOGEN – FERSENBEIN – HALSWIRBEL –
HUFBEIN – KREUZWIRBEL – OBERARM – RIPPEN – SCHIENBEIN
– SCHWEIFWIRBEL – SPEICHE – UNTERARMBEIN –
VORDERFUßWURZELGELENK – WADENBEIN

MIX

LEICHT

SUCHSEL 19

```
X  M  N  T  H  W  S  R  I  Z  X  Z  E  C  B  J  R  T  S  P
B  C  R  H  E  T  A  Y  U  W  W  H  F  H  D  P  B  T  V  A
K  K  S  Z  W  Q  I  U  D  U  H  V  Z  M  Z  A  Z  F  V  A
V  S  T  Ü  T  Z  S  C  H  W  U  N  G  O  L  G  A  I  H  H
W  I  N  T  E  R  R  A  P  P  E  K  Y  V  A  V  O  Q  Y  H
W  Y  E  I  N  Z  E  L  W  E  T  T  B  E  W  E  R  B  J  M
Y  V  B  J  P  C  Q  D  K  H  J  U  B  X  H  R  T  K  J  U
M  S  X  P  O  U  W  J  S  I  W  L  K  Q  H  W  A  P  B  M
M  F  Q  U  L  B  K  A  P  P  Z  A  U  M  K  E  B  F  P  V
L  E  K  M  A  C  Y  N  R  N  S  V  W  F  O  I  M  K  C  J
A  I  X  O  S  L  M  C  I  P  A  K  C  A  Q  G  B  E  O  W
G  B  X  F  S  S  R  I  N  D  E  R  A  N  C  E  R  F  I  T
D  X  S  C  O  T  B  P  G  H  V  V  Q  Y  P  R  U  Q  C  T
R  W  H  C  G  A  M  A  S  C  H  E  N  L  F  U  S  C  F  O
C  F  L  Q  S  C  H  N  I  P  P  E  W  F  L  N  T  B  E  H
Q  P  I  M  M  W  U  G  T  X  I  Z  M  M  I  G  B  B  F  M
T  E  M  P  V  F  X  S  Z  D  I  I  I  Ü  C  K  E  W  D  U
P  U  K  U  D  T  Z  B  T  G  H  X  I  H  H  D  I  D  L  O
A  X  L  S  S  V  G  U  U  H  O  H  A  L  T  U  N  G  Y  B
T  K  E  Y  O  V  M  Q  I  N  E  T  D  E  U  W  T  I  H  I
```

AORTA – BRUSTBEIN – EINZELWETTBEWERB – GAMASCHEN
– HALTUNG – KAPPZAUM – LASSO – MÜHLE – PFLICHT –
RINDER – SCHNIPPE – SPRINGSITZ – STÜTZSCHWUNG –
VERWEIGERUNG – WINTERRAPPE

MIX

MITTEL

SUCHSEL 20

```
S Y J X N M N A P G K I H O U N U R H W T Q A E O
V M D O R V D V N E P S P R I N G S P O R T O M C
A I U G M P H R U B E T T R U U A F H J R P K W Y
V J E L A T E R N E M G H W U Q V U J P U T A Y U
A R L L D O P S S C D D K W L B G E H A J A R M B
T I O K S H M H V O X X M U L G C X A P P E D F I
P P G N N E L U E T H F P R G F A J D F S K Ä I G
E P E C B C I Y S G N Y H Z R G A N C E R R T Q W
S E U E M H S T Z I Y K L E S T Z C A L W T S R I
S N L F Z T W A I A K P R L C H Q T W S I Z C G D
W B L E G K A K Z G R K U B T A O R P C C E H L R
O K Z A J O V T Z V K P Ü Ü Y X X Z I H N H E E U
H B R U I P U Z Z I U E E R D M P A A I H Q E Y H
D J U S R F M I G Y G K I S C L M P K M E R E N V
P S N G R D W X S C H R I T T I G N U M M G T R S
S P R J S N D B Q K J J A E S A E A H E X K K I Z
J R V N Y P J L J D D C U I L S S J K L B T N Z E
O K P L D D I S D R I K D T D L A K N C B H M T H
V S J I K A V T T L S N M I I U E T H A E N E O Y
O I T P A B J M Z X M F B D C S E N T H L A D L M
X Z P Z T F B D K E L C N S N J H S B E M S B D U
R C S L B U F H U W M P A G V R Y P A O L R A S R
C Y M N U R W E Z W Y N I F S K N Y E S G S Q S O
K O D C K Y V J D T Q K H U I N C P E D V E L V E
S E C I L W Y B G T J R Q O I Z E H V O F S N U P
```

APFELSCHIMMEL – BUGSPITZE – ELLENBOGEN – GANASCHEN – HECHTKOPF – KARDÄTSCHE – LATERNE – MUSIKKÜR – PIAFFE – RIPPEN – SCHRITT – SPRINGSPORT – TAKT – VIELSEITIGKEITSSATTEL – WURZELBÜRSTE

KÖRPERTEILE

MITTEL

SUCHSEL 21

```
L  Q  X  O  L  A  O  I  K  L  T  Q  H  S  Q
U  F  S  S  P  R  U  N  G  G  E  L  E  N  K
A  N  A  I  F  E  S  S  E  L  K  O  P  F  I
E  U  T  E  R  U  O  S  W  I  B  T  Z  A  N
N  Z  T  E  X  S  S  H  X  Q  L  B  Y  S  N
I  C  E  H  R  Q  R  C  R  S  U  U  V  N  G
A  Z  L  S  D  S  B  H  H  E  H  G  N  Y  R
H  U  L  S  V  Z  C  A  U  W  N  S  F  J  U
R  U  A  R  X  W  H  H  F  Q  E  P  E  O  B
T  Q  G  R  G  W  I  D  E  R  R  I  S  T  E
S  X  E  J  A  S  M  L  O  N  Y  T  F  M  U
L  C  P  T  W  E  C  L  Z  R  K  Z  R  C  X
B  M  Q  Z  S  F  S  V  V  T  A  E  A  Q  C
M  O  A  B  A  L  L  E  N  D  E  W  L  R  Z
T  U  D  T  D  V  C  W  C  I  Y  W  U  H  T
```

BALLEN – BUGSPITZE – EUTER – FESSELKOPF – HUF –
KINNGRUBE – LENDE – OHREN – SATTELLAGE – SCHWEIF –
SPRUNGGELENK – UNTERSCHENKEL – WIDERRIST

GRUNDAUSSTATTUNG

MITTEL

SUCHSEL 22

```
W  W  R  E  I  T  H  A  L  F  T  E  R  D  P
T  R  E  N  S  E  O  R  X  T  S  F  E  A  C
R  X  Q  S  T  O  ß  Z  Ü  G  E  L  W  F  D
E  F  H  S  T  A  L  L  D  E  C  K  E  S  X
R  G  N  A  D  E  L  S  T  R  I  E  G  E  L
O  Y  E  O  K  A  R  D  Ä  T  S  C  H  E  U
I  F  A  U  S  B  I  N  D  E  Z  Ü  G  E  L
M  P  C  V  T  C  G  L  S  I  C  G  F  S  Y
S  D  R  E  S  S  U  R  S  A  T  T  E  L  I
L  O  N  G  I  E  R  G  U  R  T  Y  Y  Z  K
B  L  U  L  S  M  J  G  B  U  O  T  T  M  G
D  G  E  B  I  S  S  A  J  P  J  A  E  Y  G
S  A  T  T  E  L  D  E  C  K  E  Y  E  L  R
V  O  H  P  E  Q  U  H  D  L  Q  S  X  N  W
A  P  A  D  D  O  C  K  D  E  C  K  E  V  Z
```

AUSBINDEZÜGEL – DRESSURSATTEL – GEBISS – KARDÄTSCHE – LONGIERGURT – NADELSTRIEGEL – PADDOCKDECKE – REITHALFTER – SATTELDECKE – STALLDECKE – STOßZÜGEL – TRENSE – WESTERNSATTEL

MIX
MITTEL
SUCHSEL 23

```
O  S  C  F  Y  Z  Z  A  K  G  I  M  J  Q  N  R  K  H  M  R
K  D  G  H  G  K  Q  D  I  M  B  Z  U  R  W  Z  G  S  D  N
R  L  N  F  D  E  W  E  S  T  E  R  N  S  A  T  T  E  L  C
W  E  K  H  E  D  E  B  W  O  O  G  T  K  R  X  M  J  S  X
P  I  P  H  R  R  I  C  H  T  E  R  E  Ü  N  R  K  D  M  C
F  T  P  A  R  I  R  E  H  F  T  M  R  R  G  B  F  V  S  R
E  I  N  Z  E  L  N  A  A  U  I  I  S  E  Y  E  L  F  C  U
R  U  D  B  R  I  D  L  E  H  E  L  C  L  J  P  M  W  H  T
D  H  I  G  O  S  I  T  C  W  M  C  H  E  C  U  H  Y  L  E
E  E  K  E  K  G  C  J  A  W  W  H  E  M  I  E  K  L  A  D
S  T  R  I  C  K  X  I  O  S  I  M  N  E  E  A  X  W  N  G
C  Q  E  O  A  K  I  Y  W  G  S  A  K  N  R  A  O  H  G  F
H  G  A  L  O  P  P  P  I  R  O  U  E  T  T  E  Y  A  E  T
A  W  R  M  R  F  U  H  T  S  U  L  L  C  Q  W  Z  L  N  H
M  N  F  G  H  H  X  E  E  M  L  R  B  K  N  D  R  T  L  X
P  R  G  T  U  R  D  N  R  U  S  C  E  M  N  W  T  E  I  F
O  I  M  Z  E  W  L  A  A  X  H  H  I  L  P  E  H  R  N  T
O  B  T  Z  C  N  Z  A  N  U  D  O  N  A  L  X  U  H  I  P
R  B  U  L  S  P  R  I  N  G  P  R  Ü  F  U  N  G  I  E  G
A  B  S  P  R  U  N  G  V  A  X  N  M  T  D  W  I  Z  W  K
```

ABSPRUNG – BRIDLE – EINZELN – GALOPPPIROUETTE – HALTER
– JOG – KÜRELEMENT – MILCHMAUL – PFERDESCHAMPOO –
RICHTER – SCHLANGENLINIE – SPRINGPRÜFUNG – STRICK –
UNTERSCHENKELBEIN – WESTERNSATTEL

DRESSUR
SCHWER
SUCHSEL 24

```
I Z H C T M Y T W E F L I H Z U E R K H
T I X T A O N T W V M G H N N V D L L E
T O Z R V J T E L R D G E S Z M D H C W
F T L Y O G B M Z U P A N T D P N C O K
C F M T R A V E R S A L E Y D E A E T Z
Z A R M D S H D G S V O R G L X T S N F
Z W X Y E E H V N E O P E B F N S F S K
F Z D H R Z H C U R T P I D T D E R P T
Z R Z P H F K D B D R Z T R C S T U N E
I N K S A D R H E S I M S R S G K A S W
I S D L N M D R G T T K T L E S N C P J
K S S A D S S I E I Z T I S W W U N K G
C D E S W C H O F E L T E T A T P D G Z
O S C H E N K E L H I L F E F S E F G Ü
A A K I N G V V I I H G E K K Y I D K G
X J Y N D I W S H E L F L E E D J T I E
F J P U U J N Y R R E N B H I S P R Z L
Q M I Q N R P F S F D P B B D M J J R H
M E B A G F U A R U S S E R D X J T G A
N A H R Q T M A Q R K J B O C K F K J Z
```

DRESSURAUFGABE – FREIHEITSDRESSUR – GALOPP –
HILFEGEBUNG – KREUZHILFE – PASS – PUNKTESTAND –
REITSTIEFEL – SCHENKELHILFE – SITZ – TRAVERSALE –
VORDERHANDWENDUNG – ZÜGEL

MIX

SCHWER
SUCHSEL 25

```
G W B T B C S M J R I E U Y Q B G L N Z
E L G A L O P P S P R Ü N G E G J F D H
U E E V K U R Z K E H R T P E C N I T A
F N N A J Y I H A L T E R U N G U D D B
U N R I C K N B E Y J I T G O P H N A I
A E K H T O G I Y Y I N C D E I T G U I
D T M S E U S R L T V Z Z O U I X Z G M
K T Y O M E A M F I O E A P Q M S H V U
R T Y B N J T T X R P L Y K P D L W B P
E W X K V A T Z T E A V N K D I N W W R
B Q E O Z N E D Q B U O P W T R V M M N
D Y T T I F L D T I R L E G E I R T S L
R P F E R D E S P O R T Q C F P P B O F
W F Y S A B L A P O H I Z K A N D A R E
H C U A L H C S B I F G V L E P M T E W
P E L N Q Y Z S R W Y I T U I O B D U H
H W I D E R R I S T U E G F U M V D Q M
W O S J H W I A T S U R B Q I D D G A O
M V G M A I K X Y L Y E F W K N U H V S
G P G C H M B R F B C R S Y V S A B U K
```

ABWURF – BRUST – EINZELVOLTIGIERER – GALOPPSPRÜNGE
– HALTERUNG – KANDARE – KURZKEHRT – MILZ –
PFERDESPORT RICK – SCHLAUCH – SPRINGSATTEL –
STRIEGEL – VAQUERO – WIDERRIST

SPRINGEN

MITTEL

SUCHSEL 26

```
Q B N U X V I N M V R H U J F X Z S I F
M F P H M J K K S P R I N G S I T Z Z E
X N Y F E G R P S M P S I E G E R A L H
S R M H N S E X B N C C G Y J Y Y Q Z L
J B I D I I U S U U S D G M H K E Q O E
I W I D Q N Z T N M X T I E U M D C V R
C Y A W Y Q D R Z Q E L A W Q P R I I E
A G E L Ä N D E H I N D E R N I S S E C
V B L L H R I R O B W P E T B J Q K J
A D R Z B F J C Q N T C J V A R Q H F E
L O Q E N B Z H U J I Q S F Y R H N X W
E D K I I U C K I M J S Y L U D R W M P
T E T T V T P A R C O U R S B A U E R U
T Q R N E T E P K R O U L F R F P T S I
I P Z E H T P P G W T H N Y D L I M Z J
T Z H H H P E E L A U J D Y D X O L F E
U A V M A J E N C A K A Q W M V R A E O
J H Y U M G N F E P T C N W E I V D B N
D S W N W N S R C I E Z P A S I K D I K
T W R G E R A L F J E Q V X G O Z G D O
```

ABREITEPLATZ – CAVALETTI – FEHLER –
GELÄNDEHINDERNISSE – HINDERNIS – KREUZ –
PARCOURSBAUER – SIEGER – SPRINGSITZ – START –
STREICHKAPPEN – WALL – ZEITNEHMUNG

MIX

MITTEL

SUCHSEL 27

```
H  N  X  C  I  M  T  X  D  T  N  D  M  V  E
G  C  C  E  M  P  S  Z  E  P  J  R  C  I  S
F  A  U  U  J  A  K  T  S  C  H  E  R  E  Q
R  M  N  S  N  T  H  A  L  S  K  S  W  Q  E
E  D  Z  R  A  T  G  Z  W  V  R  S  H  X  M
I  J  T  A  O  E  E  H  P  S  Ö  U  V  W  A
S  C  Z  B  D  R  S  R  Z  W  T  R  Q  A  R
P  B  H  G  K  N  T  B  A  E  E  V  J  D  T
R  O  U  A  A  I  I  A  S  R  N  I  H  D  I
I  X  F  N  A  C  R  K  X  T  M  E  F  G  N
N  I  K  G  P  S  N  M  R  N  A  R  O  N  G
G  N  R  R  V  P  P  V  F  O  U  E  B  U  A
E  G  O  O  X  I  T  H  S  T  L  C  T  Z  L
N  K  N  L  F  N  I  I  U  E  I  K  Y  T  V
Z  R  E  I  T  S  T  I  E  F  E  L  E  J  J
```

ABGANG – BOXING – DRESSURVIERECK – FREISPRINGEN –
HALS – HUFKRONE – KRÖTENMAUL – MARTINGAL –
PATTERN – REITSTIEFEL – SCHERE – SPIN – STIRN –
UNTERARM – WERTNOTE

WESTERN

MITTEL

SUCHSEL 28

```
D  K  I  W  H  F  W  H  Z  F  P  T  W  S  B
D  F  O  W  C  N  U  H  J  C  W  S  U  H  D
M  D  W  N  R  G  N  L  O  P  E  I  B  K  C
J  R  L  A  V  H  I  N  G  K  S  D  E  Y  Z
J  S  N  I  P  Z  S  B  O  T  E  U  D  Ü
F  S  U  B  K  D  E  J  H  R  E  P  X  Q  G
R  R  A  I  V  D  E  V  A  O  R  U  Q  Y  E
C  A  E  T  M  O  T  R  A  S  N  L  R  P  L
O  T  Q  I  T  U  D  H  R  A  S  L  E  D  H
W  W  O  A  B  E  O  E  F  I  A  T  I  S  I
B  Y  U  R  N  E  L  K  D  O  T  L  N  M  L
O  X  Z  P  V  P  R  H  F  H  T  T  I  G  F
Y  K  D  K  C  A  J  G  O  D  E  P  N  L  E
P  H  A  F  L  I  N  G  E  R  L  S  G  K  D
F  R  H  Y  S  J  O  B  E  R  N  C  I  F  U
```

BIT – COWBOY – FREIBERGER – HAFLINGER – JOG – LOPE –
REINING – SATTELHORN – SIDEPULL – TOR – WANDERRITT –
WESTERNSATTEL – ZÜGELHILFE

MIX

SCHWER

SUCHSEL 29

```
R  I  H  E  R  B  S  E  N  B  E  I  N  R  Z
C  N  C  G  M  H  E  R  D  E  R  A  I  A  D
K  A  R  P  A  L  G  E  L  E  N  K  Q  P  C
K  C  G  L  E  D  U  I  Ü  B  L  F  X  P  E
K  K  Y  R  T  I  E  N  D  L  M  N  O  A  X
N  E  L  E  G  Ü  Z  R  E  F  F  U  A  L  E
S  N  S  N  I  G  M  U  P  Y  E  C  E  O  D
A  S  C  T  U  J  U  T  J  D  A  A  M  O  P
F  T  H  K  T  R  A  G  N  A  G  V  L  S  O
C  A  U  R  T  G  Z  N  A  V  Q  A  Y  A  L
O  N  L  Q  T  O  J  I  K  O  Y  L  C  T  T
J  D  T  R  F  Z  X  R  R  L  S  E  S  J  C
G  R  E  K  N  A  L  P  D  T  X  T  Y  N  S
E  Q  R  C  W  Z  C  S  T  E  G  T  O  L  U
T  D  V  R  I  T  T  I  G  K  E  I  T  I  L
```

APPALOOSA – CAVALETTI – ERBSENBEIN – GANGART –
HERDE – KARPALGELENK – LAUFFERZÜGEL – NACKENSTAND
– PLANKE – RITTIGKEIT – SCHULTER – SPRINGTURNIER –
TEAM – VOLTE – ZAUMZEUG

VOLTIGIEREN

LEICHT

SUCHSEL 30

```
P T B C T G A G E C Ü B U N G P M O G O
P F L I C H T P I G T R N G K Q C Z A I
W C L E I S T U N G S S P O R T J Q N T
G T C Z G Q V D Z F Z I L A A Z K K G C
T B W P V M S O E B L K M U G S E Y A S
Z K Q I Y I S K L L X U Ü F N R F K R U
M E F K O L B H W S Q V H S C H R I T T
J B G H B B U N E Q R H L P N P P G E R
M Z U I X V O L T I G I E R P A D Y M F
Y K M V A E R N T Z I T X U E V B N W A
D U Q W H M Q W B Z M T N N S R A T V O
Y D V K N B D W E W J E W G K Z B J K N
Z D U Z P E D T W D Q C K H G G U M M S
W M K D E N Z V E S V H A L T U N G S G
N H J X B E W E R T U N G O S D M Q J E
J L U C U N U K B A J I E P X H R R M L
J X K G A X R D M A Q K C T J M S Q O M
K Ö R P E R S P A N N U N G Z M N K H C
R V H X M S D I F I F I X X P A E P E I
M X W U V D S T A N D W A A G E Q R K T
```

AUFSPRUNG – BEWERTUNG – EINZELWETTBEWERB –
GANGART – HALTUNG – KÖRPERSPANNUNG –
LEISTUNGSSPORT – MÜHLE – PFLICHT – SCHRITT –
STANDWAAGE – TECHNIK – ÜBUNG – VOLTIGIERPAD

MIX

MITTEL

SUCHSEL 31

```
E T A E H T D D T E M P O W E C H S E L
G F A G J I Q L D F P Z F S O C U Q N C
Z I K S N P L E I A U F L A G E N U I E
S E Z N C J K F A H N E L V D N E T I K
P E I O O H H C E U K Z C D H D O G A U
R K M T J M U H Z G T Y T N A B N E R L
U E F G M R X L Y T E Y S L P V R H O E
N I P H N E G O T U S B H N P P K O X I
G L L J A T S S U E P W U S H L R R M S
G K N F G D A S E D R H L N C I Ö S N T
E O G M L S H J U E I H F E G U H A F U
L P L E Q Q J K T N N I E U W R R M U N
E F E H K V O L T I G I E R E N B S Y G
N U O Q H Q O C F J P V D P E Y E S B S
K H Q C S H M Q Q K R T C B D I I P U S
P N I E R E N Y C J Ü L V O T N N R P P
R P G I Q P M R L U F C K T W A Y U N O
S Y V V W F O S U R U W L J Z B J N F R
J Y X E H W W W A B N D T G Q T O G L T
G E P O E F P E O L G V J Q C Z U Y K E
```

AUFLAGEN – COWBOY – FAHNE – GEHORSAMSSPRUNG –
HILFEGEBUNG – KEILKOPF – LEISTUNGSSPORT – NIEREN –
PUNKTESPRINGPRÜFUNG – RÖHRBEIN – SCHULTERHEREIN –
SPRUNGGELENK – TEMPOWECHSEL – VOLTIGIEREN – ZEITMESSUNG

DRESSUR
LEICHT
SUCHSEL 32

```
L Y A P U T U K B P L T R A B T K Q E H
Y Q U Z I R K E L L E M U F C G M B U P
G F K H R R Z Y P A S I C K G P N E Z Z
C E D Q R Ü Z H E S Z A I Y P A R A D E
E U U G T C S Y I T K R B V N F T T I J
L I S I I K L L A R R T Q U A B R L G
N T H T T W H C O O A Y L W R H H C D S
V C J T A Ä J Q L N W C B C D I T X R P
B R G W M R H I N P A D N B Q N J M G W
H H H A L T F V O L T E X P C V E L F P
V U D R E S S U R E T P S H Y N K I N B
L H B K A R S E I T E N G Ä N G E F D R
O F K V T I A U T Q W Q N T R Z A G D U
D S D L H C W M T S Z V A N X O C V X H
B U L X Q H X H J U D E W R N H R R P D
L N R E I T H O S E S P L M S I O D I H
N J Z I Z E S Q S J X R J Q N E W A I S
W D V R N N U B P A U K P P D P Y K X W
R H O N E D U N T C C J D M J S R H E M
F T E E D H G N B Q S J Z K F K J A Z W
```

DRESSUR – HALT – KRAWATTE – PARADE – PLASTRON – REITHOSE – RÜCKWÄRTSRICHTEN – SEITENGÄNGE – TRAB – VOLTE – ZIRKEL

MIX
LEICHT
SUCHSEL 33

```
N  M  R  W  Y  Y  M  M  F  O  E  Z  F  O  N
P  S  C  H  U  L  T  E  R  B  L  A  T  T  K
P  V  O  L  T  I  G  I  E  R  A  N  Z  U  G
P  L  A  S  T  R  O  N  U  E  Z  Z  X  G  M
W  P  H  T  Y  E  U  T  E  R  H  E  R  Z  T
I  B  A  I  A  F  F  Z  W  U  J  S  E  E  K
C  A  V  A  L  E  T  T  I  A  R  B  E  I  T
S  D  S  P  R  U  N  G  P  X  V  E  M  T  P
P  V  T  K  E  H  R  T  V  O  L  T  E  X  N
U  T  E  N  R  W  V  D  F  K  O  X  X  H  W
Y  B  C  R  O  D  E  O  Q  D  H  U  N  A  K
N  N  H  W  G  E  B  I  S  S  J  K  F  R  D
C  S  N  A  D  E  L  S  T  R  I  E  G  E  L
K  P  I  E  P  Y  M  P  K  R  Q  D  C  N  G
H  S  K  T  L  E  B  E  R  E  W  K  Q  A  T
```

ARENA – CAVALETTIARBEIT – EUTER – GEBISS – HERZ –
KEHRTVOLTE – LEBER – NADELSTRIEGEL – PLASTRON –
RODEO – SCHULTERBLATT – SPRUNG – TECHNIK –
VOLTIGIERANZUG – ZEIT

SPRINGEN

MITTEL

SUCHSEL 34

```
S B X O J P A U F L A G E N M K C A U Z
T A C R J W F S K U I L E H T A P Q P I
S F U A Q D F P X X E P I E P G U V O S
M Z A S C S T R E N S E C R Y A N S D N
H I W E S F J I M K K N M L B L K E K I
M K D G T E Y N A H W V D A E O T O N N
Y A H E E L B G Q G U F U B S P E U V E
A B U P H L R T I J A A P U N P S B L S
T O M E E E B U K W B U W D W S P C T O
B Z X A R K Y R C J S E P B K P R J T P
D A B X S I X N A J Z D Y N M R I J H I
O U V H K Z B I Q X V W C L P Ü N D D N
W M Z H I N D E R N I S S T A N G E N H
O Z G C F B S R W I R O S G Z G P C R V
L E H D I S Q U A L I F I Z I E R U N G
G U G E A H M X I V V M W R H R Ü V C A
X G Y M N A S T I K R E I H E N F V J T
E T W K T Q J S Q H O B K S J P U E U M
F Z Q T K O P N S F Z I E L Y I N H S W
S P R I N G P L A T Z B J F G P G T H K
```

AUFLAGEN – DISQUALIFIZIERUNG – GALOPPSPRÜNGE –
GYMNASTIKREIHEN – HINDERNISSTANGEN – MAUER –
PUNKTESPRINGPRÜFUNG – SPRINGPLATZ – SPRINGTURNIER
– STEHER – TRENSE – ZAUMZEUG – ZIEL

WESTERN
MITTEL
SUCHSEL 35

```
L  T  P  T  D  X  C  P  R  U  H  H  O  W  R  D  Q  R  R  U
V  E  E  D  F  L  L  T  A  N  D  F  E  M  S  M  O  R  I  Y
X  H  I  M  R  B  H  F  T  J  W  B  Q  I  K  J  X  Z  H  C
S  F  R  Z  P  R  K  A  L  G  J  B  D  W  F  X  Z  Y  P  B
U  U  B  Ü  D  O  V  I  R  A  S  S  E  W  B  O  A  G  E  H
W  W  T  G  C  S  W  S  R  Y  A  Q  X  G  V  O  Q  M  A  I
S  D  A  E  W  K  E  E  J  K  O  A  K  N  L  K  S  T  F  U
K  A  Q  L  G  E  W  I  C  H  T  S  H  I  L  F  E  P  F  N
Z  B  H  F  K  V  S  Ä  T  H  T  Q  K  Z  G  M  M  N  W  A
H  V  A  Ü  U  P  Y  T  R  E  S  E  F  V  Y  E  H  A  D  J
I  W  T  H  L  O  D  W  E  T  N  E  S  M  V  U  A  Y  M  L
N  A  H  R  F  J  U  A  O  R  S  G  L  N  A  U  O  W  B  Y
D  K  F  U  E  K  G  L  R  V  N  R  Ä  M  L  A  U  R  R  B
E  P  N  N  V  K  A  K  L  E  L  R  I  N  U  I  O  C  I  X
R  A  P  G  F  X  U  R  R  K  N  I  E  C  G  H  N  X  D  W
N  X  T  I  L  B  U  S  T  J  E  A  V  I  H  E  G  D  L  W
I  N  G  K  R  S  J  O  R  C  P  Z  L  T  T  T  L  W  E  D
S  B  H  S  D  F  E  E  E  Y  A  O  R  X  Z  E  E  Y  K  L
S  E  U  O  B  A  M  H  L  F  J  L  H  I  D  W  N  N  D  T
E  K  Y  Z  N  I  I  D  R  E  H  U  N  G  D  N  P  T  S  K
```

ARENA – BRIDLE – DREHUNG – GEWICHTSHILFE –
HINDERNISSE – LINDEL – RASSE – RÜCKWÄRTSRICHTEN –
SEITENGÄNGE – TEMPOWECHSEL – WALK – WESTERNREITEN
– ZÜGELFÜHRUNG

VOLTIGIEREN

SCHWER

SUCHSEL 36

```
W  G  B  N  S  G  P  X  Z  Q  U  E  R  S  I  T  Z  K  M  S
J  U  E  D  D  X  D  N  Q  F  R  V  H  L  M  O  J  K  T  W
Q  I  R  R  C  V  K  Z  J  H  L  O  E  I  V  N  U  G  F  X
B  K  G  C  D  H  X  N  M  B  X  L  R  E  T  N  Q  L  Q  N
E  V  D  O  P  P  E  L  V  O  L  T  I  G  I  E  R  E  R  O
Y  E  L  N  O  K  E  Y  T  M  M  I  X  E  M  N  U  I  Z  B
H  D  U  F  A  W  Y  R  A  B  B  G  Y  S  Y  P  V  C  L  Z
C  C  N  M  E  T  N  P  X  G  X  I  I  T  B  F  E  H  J  U
X  K  R  A  F  T  S  Q  U  B  Z  E  E  Ü  H  E  C  G  Q  O
Z  A  A  R  T  M  W  R  H  H  I  R  A  T  Y  R  I  E  D  S
O  Z  N  F  I  S  K  S  E  T  S  A  I  Z  C  D  A  W  A  A
R  G  R  N  C  E  N  T  X  T  U  N  T  E  R  V  A  I  L  W
O  T  Z  Y  P  C  N  E  M  Y  L  Z  H  N  L  U  V  C  T  A
X  X  A  Z  O  H  V  H  K  I  B  U  Y  I  T  J  K  H  Z  N
U  S  U  Z  R  G  H  E  A  C  W  G  H  P  P  L  L  T  Z  O
Z  F  M  T  F  F  U  N  W  F  A  V  S  C  N  Y  R  I  T  G
T  E  Z  W  X  D  R  I  J  K  O  N  T  W  S  H  H  O  T  B
V  V  E  K  H  D  R  T  H  I  L  F  S  Z  Ü  G  E  L  G  R
P  G  U  V  O  Q  P  V  Q  C  T  N  Z  F  G  I  H  Q  Y  J
W  N  G  A  D  W  V  A  U  S  B  I  N  D  E  Z  Ü  G  E  L
```

AUSBINDEZÜGEL – DOPPELVOLTIGIERER – FAHNE –
GLEICHGEWICHT – HILFSZÜGEL – KRAFT – LIEGESTÜTZE –
NACKENSTAND – QUERSITZ – SCHULTERSTAND – STEHEN –
TONNENPFERD – VOLTIGIERANZUG – ZAUMZEUG

MIX

SCHWER

SUCHSEL 37

```
K U D N A T S R E T L U H C S A H N T B
S K G D E G N U M A F U W E B L A F W I
J L J I V N G O N A H S Z Y R T O V O R
J Z T G O O H N S D G W Y G N D B N Q U
S E D K C U L T U H E S K Z C G S F U B
Y Y X I I T W T I M J Y N Ü S T E R N B
R ö H R E N B E I N H N N R U E W P N A
G J A X R W N R I G A E E N V D I E X N
R S H D K E D Z O W I V N B G W H K K E
D N A T S E T K N U P E S T P B N C I K
G E L Ä N D E H I N D E R N I S S E H C
R W D D C O W G I R L K D E W E I H G E
I Q J X D O J B D L J Y N N R X Z C Y D
V P B P L B Z J D Y F N M I E E Q S K L
H A Q I A I O M A J D S U A O L Y R A L
T K T C R M L O N Y J J Z W T E B E X A
V X N P N R U X U L Y Y E Ü O N A G W T
S S Q J O H A U F S P R U N G H G I D S
L O R N S X C S L Q U F Z A P E S T V W
M O I G K B K F Y N T Y Z T H Y L B W E
```

AUFSPRUNG – COWGIRL – FALBE – GELÄNDEHINDERNISSE –
HILFSZÜGEL – KINN – LENDE – NÜSTERN – PUNKTESTAND –
RÖHRENBEIN – SCHULTERSTAND – STALLDECKE –
TIGERSCHECKE – VOLTIGIERER – ZEITNEHMUNG

MIX

LEICHT

SUCHSEL 38

```
V B D R R Z N Q H T L T U I W I I N Z C G Q M S H
M S T A N G E N A R B E I T Q T L L G I V Y E L Q
U M X D B X V Y N A T H D H L L L F K H D S J T G
A F A B N R E W X B O L H V P O K Q O C S X U N X
I E D E V F O K H I N D E R N I S S T A N G E N R
D S H W C K Q T S Y O Q N Ü B B N N V Y Z V K B R
K S W E L U X V P V J R S C H W E I F R Ü B E F P
R E F G B S A H Z R D I C K D A R M P L P Z J K Q
S L O U V O R D E R F U ß W U R Z E L G E L E N K
G B W N K Z Q C Z M W I H Ä O Y X M M B P M H I C
X E B G E E R E D B G A V R L V X Q D K Y S J E M
M I N O L D Q F G U E X H T I T B J A N W A E G E
Z N J L Y C K F W O R J T S V N A X A W O B V E P
K J X H M F G R A B E N Y R E X L A D C J E Y L G
G T D H A L U A C K J D W I N H L E P F J M X E A
C V P M F N U T V S A U X C K V E I F B M K X N H
X L Q N E Q S G L G K T F H O K N E J U E R T K V
L T G Z M L F T W W S M U T P V V D V T P I H K I
I F F O W G U I L K L E S E F K I W R Y W N K N G
X N G L A C S S W W D F S N T U V T F L X T L E S
E Q U X Y D A I R P I C L T R Z J L G L V F J A A
U C O T Z V R Y C W U M F Y E V T Z P K Y B T V P
F U E X C O O X T W A J L L N J L A T B X W J L N
H V R Y R W B W T R T M L S S I U A J Z P D J V L
X G M J T C M R R L L I N D E L L M T N N T X R L
```

BALLEN – DICKDARM – FESSELBEIN – GRABEN –
HINDERNISSTANGEN – KNIEGELENK – LINDEL – OLIVENKOPFTRENSE
– RADBEWEGUNG – RÜCKWÄRTSRICHTEN – SCHWEIFRÜBE –
STANGENARBEIT – TRAB – VORDERFUßWURZELGELENK

VOLTIGIEREN
SCHWER
SUCHSEL 39

T	P	R	E	R	H	Ü	F	E	G	N	O	L	V	O
Y	P	N	K	D	U	D	H	P	F	N	I	X	O	C
L	O	C	A	K	S	P	R	U	N	G	P	L	L	P
J	L	Y	P	Ü	Z	A	B	G	A	N	G	E	T	F
P	A	Y	P	R	L	S	E	T	S	U	N	S	I	C
S	G	S	Z	E	E	E	Y	F	T	W	R	I	G	X
J	N	S	A	L	W	E	W	F	R	H	N	N	I	R
W	C	T	U	E	U	J	B	E	J	C	Q	N	E	M
I	N	N	M	M	U	A	Z	N	E	S	N	E	R	T
Y	H	V	W	E	H	O	Z	H	K	Z	D	G	E	G
F	B	G	U	N	T	T	M	K	N	T	R	A	R	R
B	X	N	K	T	X	S	Y	R	Z	Ü	E	D	D	U
N	L	E	Z	N	I	E	Q	H	R	T	F	N	C	P
L	W	V	R	U	Z	U	X	T	R	S	P	A	T	P
F	Z	Z	N	R	T	N	M	E	G	B	E	B	T	E

ABGANG – BANDAGEN – EINZELN – GALOPP – GRUPPE –
KAPPZAUM – KÜRELEMENT – LONGEFÜHRER – PFERD –
RHYTHMUS – SPRUNG – STÜTZSCHWUNG – TRENSENZAUM
– VOLTIGIERER

SPRINGEN

MITTEL
SUCHSEL 40

```
M  H  O  B  L  N  G  T  N  W  H  V  T  N  L
X  D  Q  D  I  S  T  A  N  Z  B  A  K  Z  A
S  G  D  S  L  M  L  H  M  W  G  Y  L  D  V
T  B  T  P  M  R  C  R  V  A  U  R  E  L  D
E  A  F  R  S  G  K  B  Z  R  S  I  Q  I  E
I  N  P  I  I  Z  Ü  G  E  L  H  C  H  N  V
L  D  C  N  H  P  J  O  H  V  O  H  H  Z  U
S  A  K  G  P  S  L  D  V  I  C  T  Q  E  N
P  G  H  P  J  T  G  E  E  A  H  E  R  L  N
R  E  B  R  F  A  A  T  B  D  S  R  Q  V  A
U  N  Y  Ü  E  N  W  X  K  A  P  L  N  U  A
N  M  O  F  F  G  X  R  K  H  R  B  L  D  R
G  E  X  U  A  E  F  L  S  S  U  R  M  W  W
V  L  E  N  A  N  M  R  W  N  N  M  E  A  M
E  T  R  G  H  M  B  P  I  K  G  Z  E  I  T
```

BANDAGEN – DISTANZ – GAMASCHEN – HALLE –
HOCHSPRUNG – OXER – RICHTER – SPRINGPRÜFUNG –
STANGEN – STEILSPRUNG – TRIPLEBARRE – ZEIT – ZÜGEL

MIX
LEICHT
SUCHSEL 41

```
W C H H J A I Z Z U E I N S I C E S D N O J L Q W
R X U J W O D E K L A W T W E L B T F S G I Y E N
G E S C H I C K L I C H K E I T S A U F G A B E N
X A R P S E W K T Q Y J S C H W A N E N H A L S X
M W M Y H V H V R E H H D I B I N D W B I U F D W
N H I N D E R N I S R T S D T Q B S A N M B L G U
W Z G S H X V S V I H D D E I S N P U K H V N R K
P S J P W T Ö L T B I I U R I N M A S C A X R A Y
U L A R L W Q R R E J I C Z P F O G B J I H S Q H
T B L E Z C G R L Z W T L W E Z U A I E I R U U M
Z K O G V N T X X H V X J R L G I T N R S O W D P
Z C A L E N D E N W I R B E L J C D D B Q T K K H
E H B Q Z G I X G T K I N N G R U B E M H S O C L
U T G O P P Q S Z T F M P W S A D P Z O B C C D R
G A O O H R E G K F V M Z R U K R P Ü F E H L E R
H U P C O E C O Z A R P O M H G E A G B M I J C J
D D U J X I R T A Q E Z Q L S I Z N E K J M G U I
E H F F U J D M U I M E J T N R Z Q L U B M K T L
O V O L T I G I E R G U R T P I L Y R L I E D T D
T F B N Q C U U B H D M N X U M X Z R T H L Z I T
N P E P M H F L Z E I T S P R I N G P R Ü F U N G
Q H R B Z Q F D A J E X W K U P V I Q P F R C G E
A K A D B R L G N U E O X N X R W J L B Q J R F R
A R R S K X P G Z J R A C K N T P S Y B D R P I S
U W M N B I V C A B V N I P G G S E T D U M X Y N
```

AUSBINDEZÜGEL – CUTTING – FEHLER – GESCHICKLICHKEITSAUFGABEN –
HINDERNIS – KINNGRUBE – LENDENWIRBEL – OBERARM – PUTZZEUG –
ROTSCHIMMEL – SCHWANENHALS – STANDSPAGAT – TÖLT –
VOLTIGIERGURT – ZEITSPRINGPRÜFUNG

PFERDESKELETT

LEICHT

SUCHSEL 42

```
L P D S Q H P M A X U C J I O C D D T K U W T H R
B K E S U A L T Y M O N U I Q L F Y Y U I T L A D
P M W A E H A L C J B A B U V I E Y H H U Q S L Q
L N U P U Q X X C K Y R Ü C K E N W I R B E L K G
V D E Q L Y U T G X Z S G U U M K D N J J O O N H
A B A T E E X A H N R X X H D S K F T O Y N Q I E
A A M R T V I D T U L V M Y W E E R E D E I J E Y
U L E N D E N W I R B E L H K H L P R N Y M H G C
A B O B E R S C H E N K E L B E I N M D C B I E H
B M I L L B K O E H D F M P I W A L I E H R O L L
U N T E R S C H E N K E L B E I N N T G M R F E I
P U H E D E U G Q Z Q Q D G A S I M T N N H T N D
C Q Q W E N S L W M X J J G G A Z T E U G L N K Y
J V O N Y B C O A U B O S V U E E I L R T V Y B E
B Z D K N E H I Y C H Y G S Q A E S F M G Z W H M
J H U B L I U R M H C I B K R C G K U O W U R X F
G N J G O N L A M R Q R Q N I L P S ß Q H I A Q F
V D R N C E T S P R U N G G E L E N K K V Y B A R
E D V O R D E R M I T T E L F U ß K N O C H E N I
Q O P S D A R M B E I N I O L Y Z S O N M J R O T
F E S S E L B E I N I S T D T T M K C A E M X S U
Y S M F D D L M D P G C U M S R U M H L C F N F U
A N J S E S A M B E I N X A M S B K E G L N V U L
U A H H B V T A E T R U R U P G D T N P K A M L M
A O G U V L T N V S V A Y M D Z Q P H G C E D M X
```

DARMBEIN – ERBSENBEIN – FESSELBEIN – HINTERMITTELFUßKNOCHEN –
KNIEGELENK – LENDENWIRBEL – OBERSCHENKELBEIN – RÜCKENWIRBEL
– SCHULTERBLATT – SESAMBEIN – SPRUNGGELENK –
UNTERSCHENKELBEIN – VORDERMITTELFUßKNOCHEN

MIX

MITTEL

SUCHSEL 43

```
B F I B B Y G E Z A M B S I O G W N J L
L G G C Q O R I I B A D D R B C K L S A
D M G V H I N D E R N I S F E H L E R N
S T E R Q E M Q L P H I U O R V S T U A
F X W S J Y V F P I M D J T S L T O W H
A U I E Q U A D R I L L E M C D A N X S
L I C H T F U C H S D P O R H A N W B C
U D H E A U S R Ü S T U N G E D D B C H
X T T T C D I K S R D S Y A N P W E H W
C W S I O M P I H Y O A S S K O A S B E
I N H S Z N C S I S K K R E E A R R I
U W I K M E N S J N G T V M L X G Ü N F
V O L T I G I E R P A D Q W B O E C J B
A E F D X P I N N O K R X I E E C K E Y
R U E D S E Y E N P S T Q S I X I E V A
Q B V Q R O N E V H F O X U N E J N J A
D T L N M L T Y Q R F E R S E N B E I N
U X V T J I W S R H U E R O N P B Z C A
G T V N X P B R X A M M J D T H F A R S
T E I I R O F Y K T T K S X C S I P R G
```

AUSRÜSTUNG – DARMBEIN – FERSENBEIN – GEWICHTSHILFE
– HINDERNISFEHLER – KISSEN – LICHTFUCHS –
OBERSCHENKELBEIN – QUADRILLE – RÜCKEN – SCHWEIF –
STANDWAAGE – TONNENPFERD – VOLTIGIERPAD – ZIEL

GRUNDAUSSTATTUNG
SCHWER
SUCHSEL 44

K	R	M	Y	V	G	J	Z	O	J	G	S	A	Y	G
A	H	Y	A	R	P	S	N	E	N	H	Ä	M	A	U
D	U	U	K	C	I	R	T	S	W	K	B	S	R	E
N	O	A	N	J	W	L	I	M	G	C	H	X	P	Z
A	S	U	O	S	J	V	I	R	P	A	Y	M	S	Z
V	H	T	T	M	C	U	W	X	V	G	I	K	N	T
O	I	Z	E	D	D	H	U	B	Q	D	U	Z	E	U
R	L	Z	N	I	O	Z	A	U	M	Z	E	U	G	P
D	F	T	H	E	G	O	L	B	H	Z	Ü	G	E	L
E	S	Y	A	Q	K	B	R	H	R	L	F	B	I	A
R	Z	T	L	T	N	C	Ü	D	Q	A	R	U	L	S
Z	Ü	S	F	A	W	K	E	G	E	N	C	P	F	P
E	G	U	T	M	T	F	S	D	E	C	R	K	S	R
U	E	O	E	H	I	F	I	G	N	L	K	Q	E	I
G	L	R	R	L	I	N	Z	E	I	Z	R	E	V	T

DECKEN – FLIEGENSPRAY – HILFSZÜGEL – KNOTENHALFTER – MÄHNENSPRAY – OUTDOORDECKE – PUTZZEUG – SCHABRACKE – STEIGBÜGEL – STRICK – VORDERZEUG – ZAUMZEUG – ZÜGEL

MIX
SCHWER
SUCHSEL 45

```
E  S  T  A  N  G  E  N  E  K  C  E  D  K  L
Z  N  C  Y  K  O  S  U  K  X  S  K  Z  L  I
G  R  I  H  I  N  D  E  R  N  I  S  S  E  E
Z  Q  U  E  W  F  U  J  I  Z  A  R  A  S  G
N  U  U  I  B  E  D  A  R  N  Q  I  K  L  E
E  F  L  E  B  R  I  W  N  E  K  C  Ü  R  S
R  F  Q  Z  R  X  E  F  S  D  L  D  C  X  T
H  E  W  W  E  S  L  D  A  V  E  Z  S  L  Ü
O  S  A  R  W  E  I  Y  R  N  P  T  U  E  T
D  S  H  Q  G  F  V  T  Q  O  S  F  O  K  Z
S  E  O  B  I  T  K  L  Z  Z  V  A  Q  R  E
G  L  E  I  C  H  G  E  W  I  C  H  T  I  N
F  E  A  W  K  K  R  C  U  C  H  I  B  Z  M
O  B  B  B  A  H  N  F  I  G  U  R  E  N  Q
F  H  R  D  X  Q  J  L  Z  A  T  D  M  Z  E
```

BAHNFIGUREN – DECKEN – FESSEL – GLEICHGEWICHT –
HINDERNISSE – KNIE – LIEGESTÜTZE – OHREN – QUERSITZ –
RÜCKENWIRBEL – SCHWEIFANSATZ – STANGEN – TOR –
VORDERBEINE – ZIRKEL

DRESSUR
SCHWER
SUCHSEL 46

```
Y  F  F  D  O  X  F  I  O  R  T  D  D  I  V  G  J  V  Z  G
J  M  H  S  D  W  V  O  C  L  C  X  M  U  K  Z  Y  F  H  S
R  W  I  R  K  J  X  E  I  Z  T  Z  D  E  C  S  M  X  G  C
U  H  L  E  G  V  T  A  H  U  X  D  A  A  A  S  J  N  E  H
X  C  I  V  B  V  U  O  B  J  E  S  N  E  R  T  S  X  T  L
S  T  A  N  G  E  N  T  R  E  N  S  E  Y  F  H  P  L  E  A
O  F  K  E  T  P  J  I  O  P  E  L  L  I  R  D  A  U  Q  N
U  C  H  R  A  E  F  T  S  F  K  D  B  H  U  H  S  G  L  G
J  Q  O  W  W  B  R  L  I  Y  L  G  Z  X  S  I  S  D  E  E
A  D  Z  D  G  K  N  H  I  M  Q  W  Y  A  S  T  A  S  E  N
H  P  H  N  D  C  U  R  A  K  B  P  L  H  E  T  G  U  N  L
K  D  E  H  M  R  A  R  E  N  M  E  I  T  R  Z  E  S  Q  I
H  U  E  Z  B  B  B  Q  Z  F  D  V  N  R  D  S  I  K  V  N
X  J  H  Z  G  J  F  J  Q  K  E  W  D  E  N  K  H  F  P  I
C  E  K  Z  V  E  B  S  E  S  E  P  E  E  I  R  R  G  Z  E
Y  B  W  H  L  O  K  I  N  M  T  H  R  N  B  N  K  R  E  J
A  R  P  B  N  V  B  V  N  F  R  S  R  N  D  F  A  H  Q  U
D  H  Q  R  D  S  D  A  X  C  E  V  T  T  S  U  Q  Q  G  R
E  D  D  A  A  I  W  W  A  S  S  E  R  T  R  E  N  S  E  J
S  K  V  E  T  T  E  U  O  R  I  P  P  P  O  L  A  G  I  X
```

DRESSURFRACK – GALOPPPIROUETTE –
HINTERHANDWENDUNG – KURZKEHRT – PASSAGE –
QUADRILLE – RENVERS – SCHLANGENLINIE –
STANGENTRENSE – TRENSE – WASSERTRENSE – ZYLINDER

MIX
MITTEL
SUCHSEL 47

```
X F W I N L R U M P F F M H N G V Q A U
L Z Ü G E L F Ü H R U N G I Y R S N J X
L V F U B Y I U J Y Z U A N K G M O P J
D W O D N T D E F O H B U T N S G H P U
M A L R I T P E W D E A L E I B V F O Z
J O B A D S T A N G E N T R E N S E E E
T C U U O E Q L I B D D R B N S O S K M
K A T T S P R U T I F A E E Q G Z S W N
H A R L D C N H A Q C G D I Q M A E Z P
V O A J O O H L A L S E O N M W S L N D
R H B O P N O W G N I N M E S P T B Y Y
R G S F W A G R E E D F L G Z D D E C K
A G P Z B R R E D I C W I R M D G U N W
M D R U D T I E V E F F E Z H Q L G E P
S U Ü U S H M S R C C W Q N I N Z E C V
K D N C S Y M L S J I K I L D E J J U N
O T G J E U D C B E I D E R N U R D S U
P A E T U H A H T R Z L E V B M N U H L
F Q L M M J R W U I E M E E C E M G N X
P D E A A Y M V W C A A Q L C R L Q Y G
```

BANDAGEN – DISQUALIFIZIERUNG – FESSELBEUGE – GRIMMDARM –
HINTERBEINE – KNIEN – LONGE – OUTDOORDECKE – RAMSKOPF –
RUMPF – SCHWEIFWIRBEL – STANGENTRENSE – TRABSPRÜNGE –
VORDERHANDWENDUNG – ZÜGELFÜHRUNG

VOLTIGIEREN

LEICHT

SUCHSEL 48

```
U C D R E I E C K S Z Ü G E L
Q P A N L U Q K W T C B I F A
K V O L T I G I E R E N P B I
E S H T R A B O E E Q A L V X
Q P C U X G C A S I B U H O C
P A S N C M B G M C C S O C S
N G R S A A T O R H U R L A Y
Z A T P F K K Z U K U Ü Z D J
L T X N L Ü L X P A D S P S E
F O F C A R O W I P A T F P J
E J X B N K N U G P L U E O X
F S H Y K R G M H E Y N R W R
R A D B E W E G U N G G D Y L
U E H O I D H M J Y X I W A V
G W O G R U N D S I T Z F I C
```

AUSRÜSTUNG – DREIECKSZÜGEL – FLANKE – GRUNDSITZ –
HOLZPFERD – KÜR – LONGE – PAD – RADBEWEGUNG –
SPAGAT – STREICHKAPPEN – TRAB – VOLTIGIEREN

MIX

LEICHT

SUCHSEL 49

```
N D O W D S F E S S E L K O P F Z N E D Y U W Y I
Y L I G H D L S E S A M B E I N J M M D D P A D S
R C Q I K K D F P A R G D O A X A V O D S Z Q S Z
N E Y M D L V D P F A Z V H E K S H X N X W I A X
B N E R B W C A O Q L K K I S M Q R G Y U C D T N
Y H Y H X Q C H D T I L X N A Y G R U N D S I T Z
J I R L O N G I E R G U R T P B K F A P L E N E M
Q R K K S T D Y Y O A F A E D L E G G J U J V L S
U Z Q E R K B W T Z U V C R A V X L X Y V O X D B
A Q Z X N Q O E U T F T E M C R C I O B Z R Z E J
X N V T U U T J W R L W Q I N H Q Y Q Q B A B C S
B R U B A B I T B A U C H T V N P Z Y X T P W K Y
I Z G V I F R H A V W O W T W R E I A L W P D E H
B X M Y W U N I I E F P S E K R A O U P I E A L S
Y A S W Y V S P J R G C R L R H E V F P I G B N R
F E J W V R D L A S H J N F Q A K V F B D L C N M
F H V A N H V F U A I F B U V O R D E R R Ö H R E
Y D J G G N O L O L Z S V ß A A K T Z J T U Y I I
A U D D N J L H J E T H A K P W Q H G V R X J Z U
E S A R Z K W Q E D V M J N N T N T E B Q K U C O
Y X S O G S G A U Q B B K O M B I N A T I O N T U
I E M T P L A M E Z S T E C H E N R A R D Z W K U
A T P H Y O U H Z W E R C H F E L L Y G V R N U A
S L M M A P W U D D O P P E L R I C K Z M Y B O S
J Z U Z I F V F Y U K T G N B D Y V O D O X M F O
```

BAUCH – DOPPELRICK – FESSELKOPF – GRUNDSITZ –
HINTERMITTELFUßKNOCHEN – KOMBINATION – LONGIERGURT –
PAD – RAPPE – SATTELDECKE – SESAMBEIN – STECHEN –
TRAVERSALE – VORDERRÖHRE – ZWERCHFELL

KÖRPERTEILE

LEICHT

SUCHSEL 50

```
B W D E G D R G Z R R I Z O H U Y M H Y D Z E K S
D R O S S E L R I N N E Y P Y H Z F O E U Z O N E
Z Z S C B J Z B P S P L H S K P M L H Y M F Q I U
S G I I M N I M C X N V D L V B C F I V N K G E G
T H O U B A U C H N N B B W O W Z I T N M N S W Y
I A M T P A H H D E J J F A T B S T F T Ä Z Y Y T
R E Z X R E V G N C W Y L M I W C L K D H R E K V
N T I H Z Y W Y D M O I A J D W H C S Y N F S B G
H G Q S J R U U O Y D A N E D H W U P B E U J K D
H T Z T L C Y L S K Z L K X F P E O U A N V W P Z
K K G H S K F T U O Y R E J Q U I R F M K N E O Z
H E R K O F Y V H U F K R O N E F D F U A X O S Z
D C R Y B R T E N A R H A Z C U A O C R M U X Y S
Q X B W T S A V R Y I A L D M T N G C N M T Q L Q
E K M I A V N A Ö H D L B G W E S T M W A P F V K
O A E H F C S C H L A U C H E H A L O A M N U L R
Y L C X T N F J R L S C P H M R T B A O F P D I A
G L I N V O R D E R F U ß W U R Z E L G E L E N K
S F C P U L T C N R P N T W I O A N R N E P B M F
T W Q R J H W T B T B V A H P T H A Q H Y U U B F
F U A B G Y S A E A Z T K C D Y R E D F P Q H W X
G R I I V Q H O I A B D X G L U U T T W Z E E M L
B R U E W C Q A N Y U P N M E O C L P I R Y R Q I
W Y Z D G M X R X A V B E M S N A W O P U H F T F
F E S S E L D V Z F I X Y I M E W Z T S X E H L N
```

BAUCH – DROSSELRINNE – FESSEL – FLANKE – HUFKRONE –
KNIE – MÄHNENKAMM – RÖHRENBEIN – SCHLAUCH –
SCHWEIFANSATZ – STIRN – VORDERFUßWURZELGELENK

GRUNDAUSSTATTUNG
LEICHT
LÖSUNG – SUCHSEL 1

J	S	T	E	I	G	B	Ü	G	E	L	R	I	E	M	E	N	S	U	U
D	I	K	D	F	A	H	L	Q	N	F	A	J	D	Z	J	P	P	G	O
R	K	K	M	Y	F	T	E	D	U	Z	L	F	B	M	J	R	H	H	L
E	E	V	I	J	N	H	H	U	C	D	O	E	I	N	S	D	Z	U	F
I	Z	W	G	V	X	R	P	N	V	E	Q	F	A	F	T	I	T	F	J
E	O	T	I	L	A	J	A	M	I	H	C	W	K	X	R	H	M	A	Z
C	O	S	G	A	C	H	D	R	A	G	O	P	J	Y	I	Q	P	U	C
K	K	A	B	S	C	H	W	I	T	Z	D	E	C	K	E	U	T	S	U
S	D	J	Q	P	N	Q	A	Q	E	N	X	L	O	N	G	E	A	K	K
Z	Q	S	F	R	D	T	S	H	F	U	T	T	M	C	E	D	A	R	X
Ü	D	Z	O	I	S	H	S	M	B	H	H	Y	L	G	L	T	G	A	O
G	G	W	Z	N	F	M	E	Q	W	G	U	O	S	T	N	N	W	T	G
E	Z	S	Q	G	M	A	R	T	I	N	G	A	L	G	O	T	D	Z	H
L	I	U	V	S	R	K	T	C	W	B	G	A	M	A	S	C	H	E	N
Y	X	A	F	A	B	Q	R	P	Z	Y	T	A	J	P	B	S	K	R	P
U	S	N	U	T	J	G	E	V	E	Y	O	A	B	E	W	K	S	L	G
U	J	G	D	T	T	G	N	O	M	Z	E	H	E	K	M	I	U	O	A
G	X	N	H	E	M	T	S	M	M	S	H	J	F	N	W	R	O	M	K
V	E	A	G	L	W	R	E	G	E	N	D	E	C	K	E	Z	R	K	F
I	W	S	A	T	T	E	L	N	B	Z	H	U	N	F	M	H	W	U	H

ABSCHWITZDECKE – DREIECKSZÜGEL – GAMASCHEN –
HUFAUSKRATZER – LONGE – MARTINGAL – PAD –
REGENDECKE – SATTEL – SPRINGSATTEL –
STEIGBÜGELRIEMEN – STRIEGEL – WASSERTRENSE

KÖRPERBAU

MITTEL
LÖSUNG – SUCHSEL 2

```
L S E E T N I H T X G S V N J Z X D R B I U A O T
S M I S T O U N S E K V K K F E L M W V R B T Z T
X U T Q B Q X G S N S O Y N N H C C J C V U O R U
L L A G U M E G Q K U R L O V X K F D X V A D F F
Q U T Y V K J G X V N D P H A H K I W I I E U M P
Y Z C X F P K U R R F E S S E L G E L E N K I D H
V H E P P F O G J G E R O V I C X S L S M R D U D
S A L U R U P M D J N F D C M K H Q B B U O I F J
W G B W A D Q G Z N X U A C Z S R T O L N Y G S L
A F U V Y V K O E A L ß Z M B D Q U K I E R J I F
D A D K G D Y L T D H W I E N F R P P O W S F P X
S L E V A A V E G M O U D I Y V J T K P P Y S M I
W K I Q N R A I U C R R A M S K O P F H E F S E A
J A E P A I P Z M I P Z L M Y D G P F F R V L X A
W F R G S E Y A V M Q E M S S H V Y V C R O N Q I
H Z S J C Z M P L A Z L C Z N K S W L K I I U N Z
I R K T H V N F R G H G D K T A M T S D S Y D B U
R V C G E O T B T S E E O J A R F J R K J V R B D
S E I I N R T D G N V L P D X F Ö W Q C W Z N H W
C V O E I L N S Y M Q E E Q P T A H U O D S H I E
H T V R N T S C H W A N E N H A L S R A O F X H I
H Q Y R Q G L N E P K K Z S K O P F G B G N R U H
A G U X U J D D D U J Y Z U W W C E A J E S R N R
L K T U C H J W U A H I R U M P F D Y P W I E M W
S G S B G R V Y U A V M E H L M A U L X W P N N K
```

BLESSE – FESSELGELENK – GANASCHEN – HECHTKOPF –
HIRSCHHALS – KARPALGELENK – KOPF – KRUPPE – MEHLMAUL
– RAMSKOPF – RÖHRBEIN – RUMPF – SCHWANENHALS – STERN
– VORDERFUßWURZELGELENK

ORGANE DES PFERDES
MITTEL
LÖSUNG – SUCHSEL 3

Z	Q	D	I	C	K	D	A	R	M	V	Z	C	A	B
I	S	U	V	E	M	T	I	L	L	A	Z	A	N	I
M	Z	D	Z	U	A	C	B	E	A	O	O	V	G	F
F	L	L	M	W	G	E	E	B	L	K	A	R	Q	L
W	C	J	X	V	E	G	K	E	S	R	H	J	T	D
P	E	W	A	I	N	R	R	R	P	K	P	T	R	A
S	S	T	N	K	N	G	C	I	S	B	I	H	I	I
H	I	E	M	W	I	U	T	H	M	Q	J	P	R	S
W	E	U	I	K	E	M	H	Q	F	M	F	S	F	B
U	L	R	L	F	R	C	W	I	U	E	D	Z	M	F
L	V	O	Z	P	E	N	U	S	K	E	L	A	R	A
U	L	N	A	T	N	H	O	W	E	P	C	L	R	G
K	H	W	X	H	U	M	D	Ü	N	N	D	A	R	M
L	E	B	U	J	D	H	X	X	R	E	H	C	F	S
D	L	U	N	G	E	U	V	X	F	P	R	A	T	U

AORTA – DICKDARM – DÜNNDARM – GRIMMDARM – HERZ –
LEBER – LUNGE – MAGEN – MILZ – NIEREN – ZWERCHFELL

KÖRPERTEILE
SCHWER
LÖSUNG – SUCHSEL 4

K	I	N	N	R	U	K	N	E	H	U	V	L	N	D
S	B	H	R	U	N	V	M	T	Q	A	O	Y	V	S
C	P	R	F	E	L	H	F	H	V	W	R	P	E	X
H	Z	V	U	Q	T	A	O	B	S	Z	D	P	L	J
W	F	E	S	S	E	L	B	E	U	G	E	C	L	P
E	G	Y	R	N	T	S	U	C	X	C	R	I	E	L
I	D	U	C	Z	E	J	Z	H	K	K	R	H	N	J
F	C	G	N	Z	P	K	Q	O	C	C	Ö	D	B	L
R	K	N	Y	T	T	W	C	Q	B	S	H	I	O	H
Ü	H	Ü	Y	D	E	E	V	Ü	K	M	R	E	G	X
B	K	S	I	L	H	R	U	Y	R	B	E	N	E	U
E	P	T	K	H	P	E	A	P	R	A	D	F	N	D
E	B	E	T	R	B	L	K	R	U	P	P	E	R	C
J	O	R	Z	L	L	P	N	D	M	V	V	W	N	R
J	W	N	Y	A	H	M	B	L	F	G	A	K	T	G

BRUST – ELLENBOGEN – FESSELBEUGE – HALS – KINN –
KRUPPE – NÜSTERN – RÜCKEN – SCHULTER – SCHWEIFRÜBE
– UNTERARM – VORDERRÖHRE

GRUNDAUSSTATTUNG
MITTEL
LÖSUNG – SUCHSEL 5

```
X S M H W M N E K R B K H Q D Z M W T K S J Z L O
U A V S H R C M T U M B I A I P C L B Q W C Y J D
V S W U R Z E L B Ü R S T E L L C E U I R Q J W P
Z I A S U O X I L N X Z V M K F J D P N A C U W X
Q F E T P A B T A U A E U U A T T K S O N Q K I A
S I A L T N N D K H E H B I L S U E B I E U O O G
O M B D S E P B C M V T H N Y W N F R N V K V V B
L S P F Y E L K P D Ä T G X T Y I A N S Z I M V T
I C R F R I I G D G E H S U R I O A F I P S G Q T
V Y P P E T J T U A M C N I G C A A H U E S L N Z
E R M S S R F W I R B O V E Y S M E U F H E G N Z
N D J X T W D I E G T I T Q N C L S I L Q N H C C
K J M Q A O Y E T A K K H X Q K A Y X I P E P Y Q
O E B H N R R N S T R E I C H K A P P E N M K S J
P G Q T G D J T S C T Q I Q D I Y M V G N Q T L Q
F R A D E V F T R W H F S T T Z Y F M E P R T G Z
T I D P N P O S N E T A W U S R I A U N U V A H S
R W T B T A A Y F R G R M P G S T U Z D A X V V P
E D T W R N B R E R D G B P T S A J V E Z J S R W
N E E S E G I Q E Z S T H E O L H T J C R B T T N
S T U G N G E P N I O R Y W U O Y I T K H Q N C N
E M P H S Q M A F Y T U L B A N D A G E N X L L N
L A A T E Z D T U U X P P Y K A G S E L L H A S K
N D W D G M I Y N G J X A Z X R D A H D Z V F R P
I F E M J Y B H U D M H J D G V K H A K D Z W R O
```

BANDAGEN – FLIEGENDECKE – HALFTER – KISSEN –
MÄHNENKAMM – OLIVENKOPFTRENSE – PFERDESCHAMPOO –
REITPAD – SATTELGURT – STANGENTRENSE – STREICHKAPPEN –
VIELSEITIGKEITSSATTEL – WURZELBÜRSTE

DRESSUR

SCHWER
LÖSUNG – SUCHSEL 6

G	Y	H	N	D	A	S	N	T	L	Ö	T	S	S	R	B	O	W	E	N
X	G	S	C	H	U	L	T	E	R	H	E	R	E	I	N	A	S	Z	B
R	U	I	E	W	S	K	E	H	R	T	V	O	L	T	E	I	H	F	S
K	E	K	T	S	F	G	C	G	U	U	M	M	F	D	Q	B	F	B	K
C	Z	Q	Q	V	N	S	Y	W	I	S	G	W	T	G	A	L	J	N	A
E	M	D	T	F	L	E	I	I	L	M	C	I	X	D	I	F	M	P	I
R	U	U	M	U	B	U	R	A	C	H	V	O	F	I	P	A	I	T	W
E	A	P	D	L	R	S	H	T	M	Y	O	M	N	N	G	L	Y	V	Z
I	Z	I	H	U	E	N	R	O	F	A	U	L	M	D	H	T	L	E	J
V	V	A	B	I	P	H	I	T	M	P	M	P	Q	B	F	A	S	D	Z
R	U	F	U	W	I	Y	T	E	U	R	O	A	D	V	D	E	B	Q	Z
U	Z	F	R	E	V	K	T	I	R	G	W	K	T	B	H	N	I	W	T
S	O	E	N	A	I	E	I	O	E	J	A	K	N	F	H	C	F	P	Y
S	U	F	K	K	H	W	G	E	B	R	A	H	A	E	D	T	R	A	Q
E	O	Z	G	A	W	T	K	T	R	Q	R	C	R	Y	V	D	R	O	J
R	I	S	B	J	L	L	E	Z	Q	O	D	H	K	P	A	I	J	Q	S
D	Q	M	O	X	L	D	I	S	P	B	W	O	T	E	V	E	L	Z	U
O	J	X	S	Z	D	U	T	C	Q	U	T	A	A	L	T	A	Z	O	D
B	R	O	U	E	D	O	A	A	H	Y	D	B	D	S	N	A	S	A	H
O	J	A	R	T	U	I	Z	T	E	N	R	A	A	H	K	B	Q	U	L

BAHNFIGUREN – DRESSURVIERECK – HAARNETZ –
KEHRTVOLTE – OLIVENKOPFTRENSE – PIAFFE – REITHELM –
RITTIGKEIT – SCHULTERHEREIN – TÖLT – TURNIERJACKET –
ZAUMZEUG

SPRINGEN

MITTEL
LÖSUNG – SUCHSEL 7

B	R	D	K	A	T	I	P	O	R	M	P	T	Y	I	G	W	U	A	Q
P	Z	W	Y	C	X	W	A	W	A	L	N	E	L	Q	K	V	G	J	W
B	C	C	U	I	F	E	P	L	A	N	K	E	W	K	U	Z	F	W	H
T	A	S	Z	W	E	Q	N	K	W	Y	Z	U	X	Q	T	E	E	Z	M
J	V	D	E	S	S	P	R	I	N	G	G	Y	M	N	A	S	T	I	K
Y	A	G	I	U	Q	U	H	F	V	V	E	P	L	U	C	A	O	W	Y
A	L	S	T	W	O	X	J	J	D	D	L	J	F	A	W	U	O	B	J
Y	E	Q	S	M	Z	W	A	S	S	E	R	G	R	A	B	E	N	I	E
Q	T	E	P	T	I	M	T	C	Q	Z	Q	N	S	I	F	W	G	Z	G
S	T	K	R	W	S	G	R	D	H	J	I	G	M	T	R	Y	U	I	P
M	I	H	I	N	D	E	R	N	I	S	F	E	H	L	E	R	D	R	Q
B	A	B	N	Q	L	A	O	O	M	M	L	Q	E	O	I	C	S	B	F
F	R	L	G	W	L	X	S	P	J	N	Z	Q	C	J	S	H	H	E	Y
B	B	S	P	R	I	N	G	S	P	O	R	T	N	L	P	V	K	E	W
R	E	Y	R	D	I	O	E	U	H	D	C	Y	N	F	R	K	Q	X	N
W	I	F	Ü	O	E	P	R	R	G	R	F	M	Q	F	I	R	C	Y	X
H	T	M	F	W	A	D	S	V	Q	M	A	R	T	I	N	G	A	L	V
L	Z	P	U	N	P	H	O	S	T	Q	Q	I	P	V	G	K	W	N	B
Z	F	D	N	F	N	B	Q	D	Z	S	G	R	A	B	E	N	B	Q	J
F	D	A	G	U	A	P	T	R	A	B	S	P	R	Ü	N	G	E	W	T

ABWURF – CAVALETTIARBEIT – FREISPRINGEN – GRABEN – HINDERNISFEHLER – MARTINGAL – PLANKE – SPRINGGYMNASTIK – SPRINGSPORT – STECHEN – TRABSPRÜNGE – WASSERGRABEN

DRESSUR
MITTEL
LÖSUNG – SUCHSEL 8

U	M	J	J	V	Y	U	E	Z	V	A	G	N	Z	U	R	Y	A	H	W
I	I	I	G	D	Y	W	V	Q	R	A	S	N	N	W	K	R	H	H	P
B	B	I	S	R	O	X	H	C	O	H	F	J	T	U	E	R	R	T	V
H	T	I	N	M	U	S	I	K	K	Ü	R	A	C	T	L	N	I	N	V
H	O	A	B	T	F	N	O	B	R	E	I	T	H	A	L	F	T	E	R
I	I	S	S	U	N	A	D	K	H	N	Q	H	F	K	Z	U	W	P	I
V	S	C	H	E	Z	V	K	G	Z	N	W	E	K	T	V	K	M	D	R
B	D	H	U	F	S	C	H	L	A	G	F	I	G	U	R	E	N	S	P
D	R	R	S	F	M	A	G	U	V	N	A	X	F	X	L	K	Q	B	F
L	E	I	H	L	E	U	W	T	T	U	G	F	H	R	V	V	K	T	E
R	S	T	U	X	B	L	E	J	P	V	Z	A	S	N	I	S	J	S	R
X	S	T	J	K	M	O	U	K	L	Z	R	Y	R	H	J	P	H	D	
Q	U	V	W	V	K	H	T	D	U	R	I	C	H	T	E	R	G	A	E
G	R	P	Z	E	H	O	T	V	D	M	U	T	A	K	E	F	H	B	S
K	S	H	J	K	R	E	Q	X	F	C	L	C	I	A	S	N	A	B	P
A	A	K	V	K	R	T	T	X	R	P	Q	H	F	A	G	T	S	R	O
M	T	D	H	T	U	R	N	I	E	R	B	L	U	S	E	B	S	D	R
M	T	D	I	T	S	B	I	O	T	P	D	Z	X	Q	E	Z	C	V	T
O	E	L	R	J	C	O	L	F	T	E	W	W	K	N	Q	E	U	F	R
S	L	H	O	R	A	S	L	N	F	E	G	W	S	R	O	D	D	L	Q

DRESSURSATTEL – GRUNDGANGARTEN –
HUFSCHLAGFIGUREN – MUSIKKÜR – PFERDESPORT –
REITHALFTER – RICHTER – SCHRITT TAKT – TURNIERBLUSE –
WERTNOTE

SPRINGEN

SCHWER
LÖSUNG – SUCHSEL 9

T	K	B	T	N	S	D	Q	F	A	W	I	P	K	Y
S	G	T	B	E	G	R	Ü	ß	U	N	G	A	O	S
T	N	D	F	G	D	O	W	P	U	H	W	R	M	H
A	U	V	L	N	A	A	F	M	W	H	Z	C	B	M
N	R	K	C	I	R	L	E	P	P	O	D	O	I	M
G	E	H	O	R	S	A	M	S	S	P	R	U	N	G
E	G	H	X	P	T	W	I	M	V	Y	K	R	A	D
N	I	C	D	S	I	I	O	X	X	V	T	S	T	T
A	E	K	L	L	U	M	N	E	M	I	Z	V	I	V
R	W	T	G	I	W	C	U	V	Y	G	J	Y	O	B
B	R	L	I	T	A	H	A	W	B	F	G	Q	N	A
E	E	K	I	S	Q	J	G	E	H	X	Y	R	O	A
I	V	P	Z	E	I	T	M	E	S	S	U	N	G	Y
T	C	H	L	E	T	T	A	S	G	N	I	R	P	S
K	Z	E	U	P	K	G	N	U	R	E	T	L	A	H

BEGRÜßUNG – DOPPELRICK – GEHORSAMSSPRUNG – HALTERUNG – KOMBINATION – PARCOURS – SPRINGSATTEL – STANGENARBEIT – STILSPRINGEN – VERWEIGERUNG – ZEITMESSUNG

WESTERN
SCHWER
LÖSUNG – SUCHSEL 10

```
G Q Y Q S W T F D H X N F X I E M F X P V N V D S
K E M P Z J N W O H G X T L I N I O K J T P J V E
W E S T E R N K A N D A R E I D N U C N W P E W C
N R Q C E I N T Y H F I T L M O S Z S E J Z Z D M
B I P J H D S B Q D Q V R B Z E D D K G V Z S F X
Z G E T J I O O S S A L O I W D T K U N T B C B K
D B G H S M C M D Z E Y D K H H E H F A S K T F R
R X I E U P Y K U L V Y E N T B M H N T L C H L N
G H T Y J E S I L B A G O M U R G G H S S N U B X
G Q R Y D J Y F D I I N I S R P Y B D N P I I F I
U U Z T C N B M F S C N E U Y M G O J H I N G Z Y
S C F T C R X M U Y J H H X P N D A C Y E Q U Z T
H D H A S U H K R I Y V K D J A U G M V G K T O T
U S B P E N R O N K G S A E H P F O H R E M J B E
P L M P A N T Y H E R D E Q I C U T T I N G X S S
J E N A R R R A N G A J G K U T D P H Q R Q F L P
L C W L D K V F A L P Z R U A E S D Z Ü G E L Z K
Y I Z O D N R E T T A P G N Z C R A I N H Q O J J
J V I O P Y I R T T Z H N M R B K O U N A U U W P
S D T S C H E N K E L H I L F E N Z J F H S X X I
S Q J A I Z A A P L Y T X E H L J W Z Q G Y B T G
O K U A I A Y A P P S T O H P N X P H K L A E A P
A B I M U X P B H C A D B N R B O O S H L J B W X
Y E G O V T W R C B U H D K N V I G G Z F M U E S
R A T I I R A N R R K Q D K D L L E D I M T B E N
```

APPALOOSA – BOXING – CUTTING –
GESCHICKLICHKEITSAUFGABEN – HERDE – LASSO – PATTERN –
RODEO – SCHENKELHILFE – STANGEN – VAQUERO –
WESTERNKANDARE – ZÜGEL

VOLTIGIEREN

LEICHT
LÖSUNG – SUCHSEL 11

A	S	U	Y	F	T	A	C	C	Z	A	C	K	O	Z	M	X	F	N	K
S	C	H	E	R	E	G	G	L	G	W	I	Y	Y	G	M	D	S	N	D
T	A	B	Q	E	L	O	N	G	I	E	R	P	E	I	T	S	C	H	E
A	T	D	P	I	K	N	V	N	P	E	B	A	N	M	C	T	P	U	R
N	U	P	H	N	F	A	H	B	P	E	C	D	Y	C	R	Y	V	S	R
D	R	Z	Y	Z	K	I	V	O	L	T	I	G	I	E	R	G	U	R	T
S	N	Z	H	E	N	T	C	B	U	H	R	I	Q	K	K	A	J	P	G
P	I	J	F	L	I	Q	V	A	V	C	A	B	S	P	R	U	N	G	A
A	E	Y	Q	V	E	D	Q	N	L	S	G	A	M	A	S	C	H	E	N
G	R	B	S	O	N	G	K	K	Y	O	U	J	E	T	V	A	L	R	T
A	R	H	I	L	G	J	L	A	U	F	F	E	R	Z	Ü	G	E	L	K
T	I	Q	M	T	E	Y	L	F	A	V	B	V	R	K	R	Q	C	S	J
E	C	N	M	I	I	W	F	E	E	N	D	J	I	R	I	N	F	G	N
A	H	Z	Z	G	P	E	L	U	W	W	M	L	P	R	W	R	G	M	L
M	T	M	G	I	U	R	P	F	E	R	D	E	N	O	T	E	Q	U	Y
J	E	S	S	E	M	L	G	M	T	N	Q	R	I	J	O	A	L	W	M
S	R	J	G	R	U	P	P	E	N	W	E	T	T	B	E	W	E	R	B
H	P	B	W	E	T	H	O	V	T	Z	L	B	X	H	X	L	S	M	U
C	L	A	Y	R	S	K	Z	B	O	Q	U	U	D	T	X	F	D	A	M
I	N	Z	U	N	V	I	X	Z	A	Q	A	L	E	S	D	I	U	U	H

ABSPRUNG – BANK – EINZELVOLTIGIERER – GAMASCHEN – GRUPPENWETTBEWERB – KNIEN – LAUFFERZÜGEL – LONGIERPEITSCHE – PFERDENOTE – SCHERE – STANDSPAGAT – TEAM – TURNIERRICHTER – VOLTIGIERGURT

WESTERN

MITTEL

LÖSUNG – SUCHSEL 12

S	E	E	B	A	U	A	K	M	H	P	Q	A	D	A
T	H	Y	Z	N	V	I	T	A	F	A	G	L	R	C
H	L	M	V	P	I	I	G	V	N	G	L	O	S	T
O	W	G	A	G	T	W	E	L	N	D	M	T	I	P
T	R	A	I	L	S	G	B	C	Q	Y	A	R	E	K
W	X	D	S	Q	C	A	I	C	K	N	N	R	T	R
U	W	U	E	S	H	J	S	D	K	D	Ö	Y	E	X
E	G	T	K	N	E	N	S	W	H	S	V	J	L	C
A	D	B	T	W	N	R	R	Z	A	Q	E	E	E	O
K	L	X	O	U	K	J	T	I	T	B	R	H	A	W
Z	A	U	M	Z	E	U	G	R	N	I	O	U	D	G
O	B	C	S	M	L	F	W	H	E	D	Y	S	U	I
H	O	L	D	P	S	Q	Y	P	T	N	E	T	A	R
Z	F	V	H	A	I	B	L	Z	J	F	S	R	U	L
C	S	X	E	H	N	N	U	L	N	U	A	E	W	D

BOSAL – COWGIRL – GEBISS – HALTER – KANDARE –
MANÖVER – RINDER – SCHENKEL – SPIN – TRAIL –
WASSERTRENSE – ZAUMZEUG

MIX
LEICHT
LÖSUNG – SUCHSEL 13

```
D U Z E G O H O T E U W S P E I C H E N
H T A S P R H K G W K X W B Z F N R P E
N G W E A Q Z S N K R Y A R D Y N M B N
R F U Q C A K D S T I L S P R I N G E N
E R L R N M R N B S J C S U E K A K G X
I E S V O T E Z M C R S E R S F P T D R
T I U H W P U V T H R A R F S H L R R Z
P H B B A D Z N C E O R T S U P F S L P
A E M N W T W Y H N C Q R I R Z M J S S
D I V Q R I I B U K B P E Ü S T S B S R
N T E N I T R W I E T A N B A N P X W S
H S L S J W B U A L M S S U T U G G J E
T D A V F H E U I H O S E N T M I Q V F
U R B O S A L S W I X A Y G E E H M E V
F E K C U L K P J L B G F U L L A A A Q
O S T G I L K X U F H E X J Z R N N Z U
U S H U F E T T U E R D Z Q Q R Z Ö B S
W U Q C D X A M P S I G V S J B D V I V
K R I F A Z P B A A L S T R I C H E Y F
F G Q F Y M H K T H T C T Z O Z E R J A
```

AALSTRICH – BOSAL – DRESSURSATTEL – FREIHEITSDRESSUR
– HALLE – HUFE – KREUZWIRBEL – MANÖVER – PASSAGE –
REITPAD – SCHENKELHILFE – SPEICHE – STILSPRINGEN –
ÜBUNG – WASSERTRENSE

MIX

LEICHT

LÖSUNG – SUCHSEL 14

U	P	R	Z	G	W	K	C	U	K	E	E	S	A	O
O	R	D	N	S	K	S	G	N	J	F	C	T	B	R
Z	D	W	G	S	J	P	Q	T	D	K	J	R	S	M
K	Ü	R	P	F	E	R	D	E	N	O	T	E	C	M
X	N	M	S	P	H	I	C	R	D	M	I	I	H	S
R	N	F	C	A	A	N	D	S	R	E	S	C	W	Y
G	D	H	H	O	L	G	R	C	E	H	A	H	I	K
A	A	R	I	M	T	P	H	H	D	L	B	K	T	M
L	R	T	M	T	R	L	Y	E	X	M	E	A	Z	V
O	M	P	M	D	E	A	T	N	V	A	L	P	D	T
P	X	X	E	N	J	T	H	K	B	U	L	P	E	N
P	N	H	L	K	M	Z	M	E	T	L	B	E	C	Y
C	S	X	J	I	A	I	U	L	G	P	I	N	K	T
T	G	B	R	A	U	N	S	C	H	I	M	M	E	L
W	E	S	T	E	R	N	R	E	I	T	E	N	W	I

ABSCHWITZDECKE – BRAUNSCHIMMEL – DÜNNDARM –
GALOPP – HALT – ISABELL – KÜR – MEHLMAUL –
PFERDENOTE – RHYTHMUS – SCHIMMEL – SPRINGPLATZ –
STREICHKAPPEN – UNTERSCHENKEL – WESTERNREITEN

PFERDEFARBEN

LEICHT

LÖSUNG – SUCHSEL 15

Z	V	M	F	C	F	I	S	A	B	E	L	L	A	T
C	E	A	A	A	L	S	T	R	I	C	H	W	P	I
U	Y	H	L	W	I	S	C	H	E	C	K	E	F	G
J	E	D	B	I	E	C	F	U	C	H	S	X	E	E
Z	K	N	E	Y	G	J	C	R	T	V	O	J	L	R
B	R	A	U	N	E	R	T	M	L	Z	M	A	S	S
I	I	R	O	F	N	B	F	F	D	X	M	J	C	C
B	R	A	U	N	S	C	H	I	M	M	E	L	H	H
I	R	T	F	H	C	A	O	T	N	U	R	R	I	E
R	O	T	S	C	H	I	M	M	E	L	R	O	M	C
C	Q	N	S	A	I	U	S	I	W	Z	A	N	M	K
B	V	T	E	X	M	C	E	S	R	A	P	P	E	E
X	P	A	L	O	M	I	N	O	N	D	P	T	L	D
I	W	I	N	T	E	R	R	A	P	P	E	T	Z	H
X	G	H	R	A	L	I	C	H	T	F	U	C	H	S

AALSTRICH – APFELSCHIMMEL – BRAUNER – BRAUNSCHIMMEL –
FALBE – FLIEGENSCHIMMEL – FUCHS – ISABELL – LICHTFUCHS –
PALOMINO – RAPPE – ROTSCHIMMEL – SCHECKE – SCHIMMEL –
SOMMERRAPPE – TIGERSCHECKE – WINTERRAPPE

KÖRPERBAU

LEICHT

LÖSUNG – SUCHSEL 16

R	O	B	R	A	M	S	N	A	S	E	W	J	E	H
M	B	A	S	C	H	N	I	P	P	E	I	N	C	Y
I	E	Z	F	F	H	Q	J	Z	H	C	D	M	E	E
L	I	R	S	A	I	F	L	O	C	K	E	U	D	R
C	N	P	I	U	N	O	T	N	P	O	R	V	K	Ü
H	E	R	F	E	T	R	K	S	W	A	R	O	Z	C
M	K	R	Ö	T	E	N	M	A	U	L	I	R	O	K
A	E	R	E	F	R	G	V	Q	B	S	S	D	A	E
U	Y	T	H	R	B	I	M	T	W	M	T	E	W	N
L	B	B	G	H	E	C	B	A	T	T	Z	R	B	R
F	B	H	K	E	I	L	K	O	P	F	E	B	L	O
H	L	S	S	T	N	N	L	D	H	U	F	E	U	L
V	H	A	L	S	E	W	R	H	L	R	K	I	M	Z
L	G	D	U	Z	A	E	L	A	T	E	R	N	E	N
X	E	G	S	P	R	U	N	G	G	E	L	E	N	K

BEINE – BLUME – FLOCKE – HALS – HINTERBEINE – HUFE –
KEILKOPF – KRÖTENMAUL – LATERNE – MILCHMAUL –
RAMSNASE – RÜCKEN – SCHNIPPE – SPRUNGGELENK –
VORDERBEINE – WIDERRIST

MIX

SCHWER

```
F  U  C  H  S  P  A  C  I  Y  Q  T  W  B  P  B  T  I  E  S
I  A  A  T  E  J  V  P  M  A  V  H  D  L  K  Z  A  R  H  Z
L  K  G  W  Q  N  H  T  Y  Y  S  T  I  V  U  G  H  N  A  N
R  E  N  V  E  R  S  N  S  Z  P  D  X  L  Z  F  V  I  L  U
A  V  G  P  M  B  K  L  V  M  R  R  X  D  B  E  I  E  S  E
J  E  E  Ü  P  X  Z  I  Q  R  I  E  C  F  S  Y  I  B  W  A
P  C  J  R  Z  Y  I  G  O  L  N  F  P  N  R  U  B  N  I  X
Q  O  H  H  U  ß  F  E  A  G  G  P  F  P  K  P  Z  E  R  X
E  P  U  A  H  C  O  B  U  Z  G  D  N  S  U  I  Q  I  B  I
N  M  N  H  R  W  W  T  Y  H  Y  W  L  W  U  R  A  H  E  Z
N  V  K  C  R  P  S  Y  S  O  M  L  D  M  J  B  K  C  L  G
I  K  G  H  Y  P  E  R  A  D  N  A  K  N  R  E  T  S  E  W
R  C  E  H  U  F  S  C  H  L  A  G  F  I  G  U  R  E  N  Y
L  S  P  D  L  Z  I  T  Z  R  S  A  Y  M  N  C  L  E  V  O
E  M  J  A  Y  A  B  R  E  I  T  E  P  L  A  T  Z  A  C  N
S  U  I  S  O  C  C  E  E  X  I  D  S  J  K  D  A  T  W  B
S  P  X  S  L  E  F  U  N  U  K  C  O  F  V  F  D  M  I  Q
O  N  U  X  C  M  F  A  D  A  C  M  O  L  N  L  C  G  I  S
R  E  N  U  A  R  B  M  N  I  E  B  M  R  A  R  E  T  N  U
D  E  R  U  E  O  Z  P  I  R  H  O  O  J  Y  R  R  M  J  M
```

ABREITEPLATZ – BRAUNER – DROSSELRINNE – FUCHS –
HALSWIRBEL – HUFSCHLAGFIGUREN – KRUPPE – MAUER –
PFERD – RENVERS SCHIENBEIN – SPRINGGYMNASTIK –
STOßZÜGEL – UNTERARMBEIN – WESTERNKANDARE

PFERDESKELETT

MITTEL

LÖSUNG – SUCHSEL 18

```
U D N S V Z J P N G M Z H A V H P S D U A O K L S
K N C W C T G D W M B W H D V B O S I N T N D I O
E C T J X H E R M J L V U F D H E P I E I F E V H
M V H E U L I S I Z H W F T M C Q E K P J S B X D
A N M L R W Q E K P A N B N Y M Q I U S R C A O J
B I T L I A U F N R P Y E U S B H C S M X O G U F
N P S E D O R B F B E E I C C O W H W Z W K G E I
D U V N D O M M R D E U N A H P S E Y A B T F K I
T D R B H A X R B U D I Z Q W Q M P N C H O N P Q
V N E O X U F O L E S T N W E Q C V S H X N O B L
O J H G X D A P I Z I T R M I T V P I V S E Z E F
I W F E R S E N B E I N B W F R O O O R T T P R V
I N E N L D N E S X U T S E W N B S L F T W D D E
I S L M P M U D L C S S B I I P J E C Y G J H V W
Y E B V G W U Z X H W G O R R N U W L L L O D U J
K Z Q F N K J Z L H A A I C B H P H G P S C E Q N
I P V N C W R F X N I X D S E X A W T V L D M I Q
V O R D E R F U ß W U R Z E L G E L E N K X A Z A
V U Q H E C T J T P R S I N N C N Y S O I Z I V U
B M D T C M U K A U R D Q R J B O T F W H H O N K
B I R B B N O O I Q L S I T N R E G B X I T K O N
H N Q H P E Q H M I C W Q T K B I I O B E R A R M
I O J D V E I Z C E R R J K F W Z M N U S W B A A
T V K Z X I F S L F E D M R W A E E Q S M U Z E A
L D V D T G Y S Y I S B E G W U H K U H E Z Y J L
```

BRUSTBEIN – ELLENBOGEN – FERSENBEIN – HALSWIRBEL –
HUFBEIN – KREUZWIRBEL – OBERARM – RIPPEN – SCHIENBEIN
– SCHWEIFWIRBEL – SPEICHE – UNTERARMBEIN –
VORDERFUßWURZELGELENK – WADENBEIN

MIX

LEICHT

LÖSUNG – SUCHSEL 19

X	M	N	T	H	W	S	R	I	Z	X	Z	E	C	B	J	R	T	S	P
B	C	R	H	E	T	A	Y	U	W	W	H	F	H	D	P	B	T	V	A
K	K	S	Z	W	Q	I	U	D	U	H	V	Z	M	Z	A	Z	F	V	A
V	S	T	Ü	T	Z	S	C	H	W	U	N	G	O	L	G	A	I	H	H
W	I	N	T	E	R	R	A	P	P	E	K	Y	V	A	V	O	Q	Y	H
W	Y	E	I	N	Z	E	L	W	E	T	T	B	E	W	E	R	B	J	M
Y	V	B	J	P	C	Q	D	K	H	J	U	B	X	H	R	T	K	J	U
M	S	X	P	O	U	W	J	S	I	W	L	K	Q	H	W	A	P	B	M
M	F	Q	U	L	B	K	A	P	P	Z	A	U	M	K	E	B	F	P	V
L	E	K	M	A	C	Y	N	R	N	S	V	W	F	O	I	M	K	C	J
A	I	X	O	S	L	M	C	I	P	A	K	C	A	Q	G	B	E	O	W
G	B	X	F	S	S	R	I	N	D	E	R	A	N	C	E	R	F	I	T
D	X	S	C	O	T	B	P	G	H	V	V	Q	Y	P	R	U	Q	C	T
R	W	H	C	G	A	M	A	S	C	H	E	N	L	F	U	S	C	F	O
C	F	L	Q	S	C	H	N	I	P	P	E	W	F	L	N	T	B	E	H
Q	P	I	M	M	W	U	G	T	X	I	Z	M	M	I	G	B	B	F	M
T	E	M	P	V	F	X	S	Z	D	I	I	I	Ü	C	K	E	W	D	U
P	U	K	U	D	T	Z	B	T	G	H	X	I	H	H	D	I	D	L	O
A	X	L	S	S	V	G	U	U	H	O	H	A	L	T	U	N	G	Y	B
T	K	E	Y	O	V	M	Q	I	N	E	T	D	E	U	W	T	I	H	I

AORTA – BRUSTBEIN – EINZELWETTBEWERB – GAMASCHEN
– HALTUNG – KAPPZAUM – LASSO – MÜHLE – PFLICHT –
RINDER – SCHNIPPE – SPRINGSITZ – STÜTZSCHWUNG –
VERWEIGERUNG – WINTERRAPPE

MIX
MITTEL
LÖSUNG – SUCHSEL 20

```
S Y J X N M N A P G K I H O U N U R H W T Q A E O
V M D O R V D V N E P S P R I N G S P O R T O M C
A I U G M P H R U B E T T R U U A F H J R P K W Y
V J E L A T E R N E M G H W U Q V U J P U T A Y U
A R L L D O P S S C D D K W L B G E H A J A R M B
T I O K S H M H V O X X M U L G C X A P P E D F I
P P G N N E L U E T H F P R G F A J D F S K Ä I G
E P E C B C I Y S G N Y H Z R G A N C E R R T Q W
S E U E M H S T Z I Y K L E S T Z C A L W T S R I
S N L F Z T W A I A K P R L C H Q T W S I Z C G D
W B L E G K A K Z G R K U B T A O R P C C E H L R
O K Z A J O V T Z V K P Ü Ü Y X X Z I H N H E E U
H B R U I P U Z Z I U E E R D M P A A I H Q E Y H
D J U S R F M I G Y G K I S C L M P K M E R E N V
P S N G R D W X S C H R I T T I G N U M M G T R S
S P R J S N D B Q K J J A E S A E A H E X K K I Z
J R V N Y P J L J D D C U I L S S J K L B T N Z E
O K P L D D I S D R I K D T D L A K N C B H M T H
V S J I K A V T T L S N M I I U E T H A E N E O Y
O I T P A B J M Z X M F B D C S E N T H L A D L M
X Z P Z T F B D K E L C N S N J H S B E M S B D U
R C S L B U F H U W M P A G V R Y P A O L R A S R
C Y M N U R W E Z W Y N I F S K N Y E S G S Q S O
K O D C K Y V J D T Q K H U I N C P E D V E L V E
S E C I L W Y B G T J R Q O I Z E H V O F S N U P
```

APFELSCHIMMEL – BUGSPITZE – ELLENBOGEN – GANASCHEN –
HECHTKOPF – KARDÄTSCHE – LATERNE – MUSIKKÜR – PIAFFE –
RIPPEN – SCHRITT – SPRINGSPORT – TAKT –
VIELSEITIGKEITSSATTEL – WURZELBÜRSTE

KÖRPERTEILE

MITTEL

LÖSUNG – SUCHSEL 21

```
L Q X O L A O I K L T Q H S Q
U F S S P R U N G G E L E N K
A N A I F E S S E L K O P F I
E U T E R U O S W I B T Z A N
N Z T E X S H X Q L B Y S N
I C E H R Q R C R S U U V N G
A Z L S D S B H H E H G N Y R
H U L S V Z C A U W N S F J U
R U A R X W H H F Q E P E O B
T Q G R G W I D E R R I S T E
S X E J A S M L O N Y T F M U
L C P T W E C L Z R K Z R C X
B M Q Z S F S V V T A E A Q C
M O A B A L L E N D E W L R Z
T U D T D V C W C I Y W U H T
```

BALLEN – BUGSPITZE – EUTER – FESSELKOPF – HUF –
KINNGRUBE – LENDE – OHREN – SATTELLAGE – SCHWEIF –
SPRUNGGELENK – UNTERSCHENKEL – WIDERRIST

GRUNDAUSSTATTUNG

MITTEL

LÖSUNG – SUCHSEL 22

W	W	R	E	I	T	H	A	L	F	T	E	R	D	P
T	R	E	N	S	E	O	R	X	T	S	F	E	A	C
R	X	Q	S	T	O	ß	Z	Ü	G	E	L	W	F	D
E	F	H	S	T	A	L	L	D	E	C	K	E	S	X
R	G	N	A	D	E	L	S	T	R	I	E	G	E	L
O	Y	E	O	K	A	R	D	Ä	T	S	C	H	E	U
I	F	A	U	S	B	I	N	D	E	Z	Ü	G	E	L
M	P	C	V	T	C	G	L	S	I	C	G	F	S	Y
S	D	R	E	S	S	U	R	S	A	T	T	E	L	I
L	O	N	G	I	E	R	G	U	R	T	Y	Y	Z	K
B	L	U	L	S	M	J	G	B	U	O	T	T	M	G
D	G	E	B	I	S	S	A	J	P	J	A	E	Y	G
S	A	T	T	E	L	D	E	C	K	E	Y	E	L	R
V	O	H	P	E	Q	U	H	D	L	Q	S	X	N	W
A	P	A	D	D	O	C	K	D	E	C	K	E	V	Z

AUSBINDEZÜGEL – DRESSURSATTEL – GEBISS – KARDÄTSCHE – LONGIERGURT – NADELSTRIEGEL – PADDOCKDECKE – REITHALFTER – SATTELDECKE – STALLDECKE – STOßZÜGEL – TRENSE – WESTERNSATTEL

MIX

MITTEL

LÖSUNG – SUCHSEL 23

```
O  S  C  F  Y  Z  Z  A  K  G  I  M  J  Q  N  R  K  H  M  R
K  D  G  H  G  K  Q  D  I  M  B  Z  U  R  W  Z  G  S  D  N
R  L  N  F  D  E  W  E  S  T  E  R  N  S  A  T  T  E  L  C
W  E  K  H  E  D  E  B  W  O  O  G  T  K  R  X  M  J  S  X
P  I  P  H  R  R  I  C  H  T  E  R  E  Ü  N  R  K  D  M  C
F  T  P  A  R  I  R  E  H  F  T  M  R  R  G  B  F  V  S  R
E  I  N  Z  E  L  N  A  A  U  I  I  S  E  Y  E  L  F  C  U
R  U  D  B  R  I  D  L  E  H  E  L  C  L  J  P  M  W  H  T
D  H  I  G  O  S  I  T  C  W  M  C  H  E  C  U  H  Y  L  E
E  E  K  E  K  G  C  J  A  W  W  H  E  M  I  E  K  L  A  D
S  T  R  I  C  K  X  I  O  S  I  M  N  E  E  A  X  W  N  G
C  Q  E  O  A  K  I  Y  W  G  S  A  K  N  R  A  O  H  G  F
H  G  A  L  O  P  P  P  I  R  O  U  E  T  T  E  Y  A  E  T
A  W  R  M  R  F  U  H  T  S  U  L  L  C  Q  W  Z  L  N  H
M  N  F  G  H  H  X  E  E  M  L  R  B  K  N  D  R  T  L  X
P  R  G  T  U  R  D  N  R  U  S  C  E  M  N  W  T  E  I  F
O  I  M  Z  E  W  L  A  A  X  H  H  I  L  P  E  H  R  N  T
O  B  T  Z  C  N  Z  A  N  U  D  O  N  A  L  X  U  H  I  P
R  B  U  L  S  P  R  I  N  G  P  R  Ü  F  U  N  G  I  E  G
A  B  S  P  R  U  N  G  V  A  X  N  M  T  D  W  I  Z  W  K
```

ABSPRUNG – BRIDLE – EINZELN – GALOPPPIROUETTE – HALTER
– JOG – KÜRELEMENT – MILCHMAUL – PFERDESCHAMPOO –
RICHTER – SCHLANGENLINIE – SPRINGPRÜFUNG – STRICK –
UNTERSCHENKELBEIN – WESTERNSATTEL

DRESSUR

SCHWER

LÖSUNG – SUCHSEL 24

I	Z	H	C	T	M	Y	T	W	E	F	L	I	H	Z	U	E	R	K	H
T	I	X	T	A	O	N	T	W	V	M	G	H	N	N	V	D	L	L	E
T	O	Z	R	V	J	T	E	L	R	D	G	E	S	Z	M	D	H	C	W
F	T	L	Y	O	G	B	M	Z	U	P	A	N	T	D	P	N	C	O	K
C	F	M	T	R	A	V	E	R	S	A	L	E	Y	D	E	A	E	T	Z
Z	A	R	M	D	S	H	D	G	S	V	O	R	G	L	X	T	S	N	F
Z	W	X	Y	E	E	H	V	N	E	O	P	E	B	F	N	S	F	S	K
F	Z	D	H	R	Z	H	C	U	R	T	P	I	D	T	D	E	R	P	T
Z	R	Z	P	H	F	K	D	B	D	R	Z	T	R	C	S	T	U	N	E
I	N	K	S	A	D	R	H	E	S	I	M	S	R	S	G	K	A	S	W
I	S	D	L	N	M	D	R	G	T	T	K	T	L	E	S	N	C	P	J
K	S	S	A	D	S	S	I	E	I	Z	T	I	S	W	W	U	N	K	G
C	D	E	S	W	C	H	O	F	E	L	T	E	T	A	T	P	D	G	Z
O	S	C	H	E	N	K	E	L	H	I	L	F	E	F	S	E	F	G	Ü
A	A	K	I	N	G	V	V	I	I	H	G	E	K	K	Y	I	D	K	G
X	J	Y	N	D	I	W	S	H	E	L	F	L	E	E	D	J	T	I	E
F	J	P	U	U	J	N	Y	R	R	E	N	B	H	I	S	P	R	Z	L
Q	M	I	Q	N	R	P	F	S	F	D	P	B	B	D	M	J	J	R	H
M	E	B	A	G	F	U	A	R	U	S	S	E	R	D	X	J	T	G	A
N	A	H	R	Q	T	M	A	Q	R	K	J	B	O	C	K	F	K	J	Z

DRESSURAUFGABE – FREIHEITSDRESSUR – GALOPP –
HILFEGEBUNG – KREUZHILFE – PASS – PUNKTESTAND –
REITSTIEFEL – SCHENKELHILFE – SITZ – TRAVERSALE –
VORDERHANDWENDUNG – ZÜGEL

MIX

SCHWER

LÖSUNG – SUCHSEL 25

```
G W B T B C S M J R I E U Y Q B G L N Z
E L G A L O P P S P R Ü N G E G J F D H
U E E V K U R Z K E H R T P E C N I T A
F N N A J Y I H A L T E R U N G U D D B
U N R I C K N B E Y J I T G O P H N A I
A E K H T O G I Y Y I N C D E I T G U I
D T M S E U S R L T V Z Z O U I X Z G M
K T Y O M E A M F I O E A P Q M S H V U
R T Y B N J T T X R P L Y K P D L W B P
E W X K V A T Z T E A V N K D I N W W R
B Q E O Z N E D Q B U O P W T R V M M N
D Y T T I F L D T I R L E G E I R T S L
R P F E R D E S P O R T Q C F P P B O F
W F Y S A B L A P O H I Z K A N D A R E
H C U A L H C S B I F G V L E P M T E W
P E L N Q Y Z S R W Y I T U I O B D U H
H W I D E R R I S T U E G F U M V D Q M
W O S J H W I A T S U R B Q I D D G A O
M V G M A I K X Y L Y E F W K N U H V S
G P G C H M B R F B C R S Y V S A B U K
```

ABWURF – BRUST – EINZELVOLTIGIERER – GALOPPSPRÜNGE
– HALTERUNG – KANDARE – KURZKEHRT – MILZ –
PFERDESPORT RICK – SCHLAUCH – SPRINGSATTEL –
STRIEGEL – VAQUERO – WIDERRIST

SPRINGEN

MITTEL

Q	B	N	U	X	V	I	N	M	V	R	H	U	J	F	X	Z	S	I	F
M	F	P	H	M	J	K	K	S	P	R	I	N	G	S	I	T	Z	Z	E
X	N	Y	F	E	G	R	P	S	M	P	S	I	E	G	E	R	A	L	H
S	R	M	H	N	S	E	X	B	N	C	C	G	Y	J	Y	Y	Q	Z	L
J	B	I	D	I	U	S	U	U	S	D	G	M	H	K	E	Q	O	E	E
I	W	I	D	Q	N	Z	T	N	M	X	T	I	E	U	M	D	C	V	R
C	Y	A	W	Y	Q	D	R	Z	Q	E	L	A	W	Q	P	R	I	I	E
A	G	E	L	Ä	N	D	E	H	I	N	D	E	R	N	I	S	S	E	C
V	B	L	L	H	R	I	R	O	B	W	P	E	T	B	J	Q	K	J
A	D	R	Z	B	F	J	C	Q	N	T	C	J	V	A	R	Q	H	F	E
L	O	Q	E	N	B	Z	H	U	J	I	Q	S	F	Y	R	H	N	X	W
E	D	K	I	I	U	C	K	I	M	J	S	Y	L	U	D	R	W	M	P
T	E	T	T	V	T	P	A	R	C	O	U	R	S	B	A	U	E	R	U
T	Q	R	N	E	T	E	P	K	R	O	U	L	F	R	F	P	T	S	I
I	P	Z	E	H	T	P	P	G	W	T	H	N	Y	D	L	I	M	Z	J
T	Z	H	H	P	E	E	L	A	U	J	D	Y	D	X	O	L	F	E
U	A	V	M	A	J	E	N	C	A	K	A	Q	W	M	V	R	A	E	O
J	H	Y	U	M	G	N	F	E	P	T	C	N	W	E	I	V	D	B	N
D	S	W	N	W	N	S	R	C	I	E	Z	P	A	S	I	K	D	I	K
T	W	R	G	E	R	A	L	F	J	E	Q	V	X	G	O	Z	G	D	O

ABREITEPLATZ – CAVALETTI – FEHLER –
GELÄNDEHINDERNISSE – HINDERNIS – KREUZ –
PARCOURSBAUER – SIEGER – SPRINGSITZ – START –
STREICHKAPPEN – WALL – ZEITNEHMUNG

MIX

MITTEL

H	N	X	C	I	M	T	X	D	T	N	D	M	V	E
G	C	C	E	M	P	S	Z	E	P	J	R	C	I	S
F	A	U	U	J	A	K	T	S	C	H	E	R	E	Q
R	M	N	S	N	T	H	A	L	S	K	S	W	Q	E
E	D	Z	R	A	T	G	Z	W	V	R	S	H	X	M
I	J	T	A	O	E	E	H	P	S	Ö	U	V	W	A
S	C	Z	B	D	R	S	R	Z	W	T	R	Q	A	R
P	B	H	G	K	N	T	B	A	E	E	V	J	D	T
R	O	U	A	A	I	I	A	S	R	N	I	H	D	I
I	X	F	N	A	C	R	K	X	T	M	E	F	G	N
N	I	K	G	P	S	N	M	R	N	A	R	O	N	G
G	N	R	R	V	P	P	V	F	O	U	E	B	U	A
E	G	O	O	X	I	T	H	S	T	L	C	T	Z	L
N	K	N	L	F	N	I	I	U	E	I	K	Y	T	V
Z	R	E	I	T	S	T	I	E	F	E	L	E	J	J

ABGANG – BOXING – DRESSURVIERECK – FREISPRINGEN – HALS – HUFKRONE – KRÖTENMAUL – MARTINGAL – PATTERN – REITSTIEFEL – SCHERE – SPIN – STIRN – UNTERARM – WERTNOTE

WESTERN

MITTEL

LÖSUNG – SUCHSEL 28

D	K	I	W	H	F	W	H	Z	F	P	T	W	S	B
D	F	O	W	C	N	U	H	J	C	W	S	U	H	D
M	D	W	N	R	G	N	L	O	P	E	I	B	K	C
J	R	L	A	V	H	I	N	G	K	S	D	E	Y	Z
J	S	N	I	N	P	Z	S	B	O	T	E	U	D	Ü
F	S	U	B	K	D	E	J	H	R	E	P	X	Q	G
R	R	A	I	V	D	E	V	A	O	R	U	Q	Y	E
C	A	E	T	M	O	T	R	A	S	N	L	R	P	L
O	T	Q	I	T	U	D	H	R	A	S	L	E	D	H
W	W	O	A	B	E	O	E	F	I	A	T	I	S	I
B	Y	U	R	N	E	L	K	D	O	T	L	N	M	L
O	X	Z	P	V	P	R	H	F	H	T	T	I	G	F
Y	K	D	K	C	A	J	G	O	D	E	P	N	L	E
P	H	A	F	L	I	N	G	E	R	L	S	G	K	D
F	R	H	Y	S	J	O	B	E	R	N	C	I	F	U

BIT – COWBOY – FREIBERGER – HAFLINGER – JOG – LOPE – REINING – SATTELHORN – SIDEPULL – TOR – WANDERRITT – WESTERNSATTEL – ZÜGELHILFE

MIX

SCHWER

```
R  I  H  E  R  B  S  E  N  B  E  I  N  R  Z
C  N  C  G  M  H  E  R  D  E  R  A  I  A  D
K  A  R  P  A  L  G  E  L  E  N  K  Q  P  C
K  C  G  L  E  D  U  I  U  B  L  F  X  P  E
K  K  Y  R  T  I  E  N  D  L  M  N  O  A  X
N  E  L  E  G  Ü  Z  R  E  F  F  U  A  L  E
S  N  S  N  I  G  M  U  P  Y  E  C  E  O  D
A  S  C  T  U  J  U  T  J  D  A  A  M  O  P
F  T  H  K  T  R  A  G  N  A  G  V  L  S  O
C  A  U  R  T  G  Z  N  A  V  Q  A  Y  A  L
O  N  L  Q  T  O  J  I  K  O  Y  L  C  T  T
J  D  T  R  F  Z  X  R  R  L  S  E  S  J  C
G  R  E  K  N  A  L  P  D  T  X  T  Y  N  S
E  Q  R  C  W  Z  C  S  T  E  G  T  O  L  U
T  D  V  R  I  T  T  I  G  K  E  I  T  I  L
```

APPALOOSA – CAVALETTI – ERBSENBEIN – GANGART –
HERDE – KARPALGELENK – LAUFFERZÜGEL – NACKENSTAND
– PLANKE – RITTIGKEIT – SCHULTER – SPRINGTURNIER –
TEAM – VOLTE – ZAUMZEUG

VOLTIGIEREN

LEICHT

LÖSUNG – SUCHSEL 30

P	T	B	C	T	G	A	G	E	C	Ü	B	U	N	G	P	M	O	G	O
P	F	L	I	C	H	T	P	I	G	T	R	N	G	K	Q	C	Z	A	I
W	C	L	E	I	S	T	U	N	G	S	S	P	O	R	T	J	Q	N	T
G	T	C	Z	G	Q	V	D	Z	F	Z	I	L	A	A	Z	K	K	G	C
T	B	W	P	V	M	S	O	E	B	L	K	M	U	G	S	E	Y	A	S
Z	K	Q	I	Y	I	S	K	L	L	X	U	Ü	F	N	R	F	K	R	U
M	E	F	K	O	L	B	H	W	S	Q	V	H	S	C	H	R	I	T	T
J	B	G	H	B	B	U	N	E	Q	R	H	L	P	N	P	P	G	E	R
M	Z	U	I	X	V	O	L	T	I	G	I	E	R	P	A	D	Y	M	F
Y	K	M	V	A	E	R	N	T	Z	I	T	X	U	E	V	B	N	W	A
D	U	Q	W	H	M	Q	W	B	Z	M	T	N	N	S	R	A	T	V	O
Y	D	V	K	N	B	D	W	E	W	J	E	W	G	K	Z	B	J	K	N
Z	D	U	Z	P	E	D	T	W	D	Q	C	K	H	G	G	U	M	M	S
W	M	K	D	E	N	Z	V	E	S	V	H	A	L	T	U	N	G	S	G
N	H	J	X	B	E	W	E	R	T	U	N	G	O	S	D	M	Q	J	E
J	L	U	C	U	N	U	K	B	A	J	I	E	P	X	H	R	R	M	L
J	X	K	G	A	X	R	D	M	A	Q	K	C	T	J	M	S	Q	O	M
K	Ö	R	P	E	R	S	P	A	N	N	U	N	G	Z	M	N	K	H	C
R	V	H	X	M	S	D	I	F	I	F	I	X	X	P	A	E	P	E	I
M	X	W	U	V	D	S	T	A	N	D	W	A	A	G	E	Q	R	K	T

AUFSPRUNG – BEWERTUNG – EINZELWETTBEWERB –
GANGART – HALTUNG – KÖRPERSPANNUNG –
LEISTUNGSSPORT – MÜHLE – PFLICHT – SCHRITT –
STANDWAAGE – TECHNIK – ÜBUNG – VOLTIGIERPAD

MIX

MITTEL

LÖSUNG – SUCHSEL 31

E	T	A	E	H	T	D	D	T	E	M	P	O	W	E	C	H	S	E	L
G	F	A	G	J	I	Q	L	D	F	P	Z	F	S	O	C	U	Q	N	C
Z	I	K	S	N	P	L	E	I	A	U	F	L	A	G	E	N	U	I	E
S	E	Z	N	C	J	K	F	A	H	N	E	L	V	D	N	E	T	I	K
P	E	I	O	O	H	H	C	E	U	K	Z	C	D	H	D	O	G	A	U
R	K	M	T	J	M	U	H	Z	G	T	Y	T	N	A	B	N	E	R	L
U	E	F	G	M	R	X	L	Y	T	E	Y	S	L	P	V	R	H	O	E
N	I	P	H	N	E	G	O	T	U	S	B	H	N	P	P	K	O	X	I
G	L	L	J	A	T	S	S	U	E	P	W	U	S	H	L	R	R	M	S
G	K	N	F	G	D	A	S	E	D	R	H	L	N	C	I	Ö	S	N	T
E	O	G	M	L	S	H	J	U	E	I	H	F	E	G	U	H	A	F	U
L	P	L	E	Q	Q	J	K	T	N	N	I	E	U	W	R	R	M	U	N
E	F	E	H	K	V	O	L	T	I	G	I	E	R	E	N	B	S	Y	G
N	U	O	Q	H	Q	O	C	F	J	P	V	D	P	E	Y	E	S	B	S
K	H	Q	C	S	H	M	Q	Q	K	R	T	C	B	D	I	I	P	U	S
P	N	I	E	R	E	N	Y	C	J	Ü	L	V	O	T	N	N	R	P	P
R	P	G	I	Q	P	M	R	L	U	F	C	K	T	W	A	Y	U	N	O
S	Y	V	V	W	F	O	S	U	R	U	W	L	J	Z	B	J	N	F	R
J	Y	X	E	H	W	W	W	A	B	N	D	T	G	Q	T	O	G	L	T
G	E	P	O	E	F	P	E	O	L	G	V	J	Q	C	Z	U	Y	K	E

AUFLAGEN – COWBOY – FAHNE – GEHORSAMSSPRUNG –
HILFEGEBUNG – KEILKOPF – LEISTUNGSSPORT – NIEREN –
PUNKTESPRINGPRÜFUNG – RÖHRBEIN – SCHULTERHEREIN –
SPRUNGGELENK – TEMPOWECHSEL – VOLTIGIEREN – ZEITMESSUNG

DRESSUR

LEICHT

LÖSUNG – SUCHSEL 32

L	Y	A	P	U	T	U	K	B	P	L	T	R	A	B	T	K	Q	E	H
Y	Q	U	Z	I	R	K	E	L	L	E	M	U	F	C	G	M	B	U	P
G	F	K	H	R	R	Z	Y	P	A	S	I	C	K	G	P	N	E	Z	Z
C	E	D	Q	R	Ü	Z	H	E	S	Z	A	I	Y	P	A	R	A	D	E
E	U	U	G	T	C	S	Y	I	T	K	R	B	V	N	F	T	T	I	J
L	I	S	I	I	K	L	L	A	R	R	T	Q	U	A	B	R	L	G
N	T	H	T	T	W	H	C	O	O	A	Y	L	W	R	H	H	C	D	S
V	C	J	T	A	Ä	J	Q	L	N	W	C	B	C	D	I	T	X	R	P
B	R	G	W	M	R	H	I	N	P	A	D	N	B	Q	N	J	M	G	W
H	H	H	A	L	T	F	V	O	L	T	E	X	P	C	V	E	L	F	P
V	U	D	R	E	S	S	U	R	E	T	P	S	H	Y	N	K	I	N	B
L	H	B	K	A	R	S	E	I	T	E	N	G	Ä	N	G	E	F	D	R
O	F	K	V	T	I	A	U	T	Q	W	Q	N	T	R	Z	A	G	D	U
D	S	D	L	H	C	W	M	T	S	Z	V	A	N	X	O	C	V	X	H
B	U	L	X	Q	H	X	H	J	U	D	E	W	R	N	H	R	R	P	D
L	N	R	E	I	T	H	O	S	E	S	P	L	M	S	I	O	D	I	H
N	J	Z	I	Z	E	S	Q	S	J	X	R	J	Q	N	E	W	A	I	S
W	D	V	R	N	N	U	B	P	A	U	K	P	P	D	P	Y	K	X	W
R	H	O	N	E	D	U	N	T	C	C	J	D	M	J	S	R	H	E	M
F	T	E	E	D	H	G	N	B	Q	S	J	Z	K	F	K	J	A	Z	W

DRESSUR – HALT – KRAWATTE – PARADE – PLASTRON –
REITHOSE – RÜCKWÄRTSRICHTEN – SEITENGÄNGE – TRAB –
VOLTE – ZIRKEL

MIX

LEICHT

LÖSUNG – SUCHSEL 33

N	M	R	W	Y	Y	M	M	F	O	E	Z	F	O	N
P	S	C	H	U	L	T	E	R	B	L	A	T	T	K
P	V	O	L	T	I	G	I	E	R	A	N	Z	U	G
P	L	A	S	T	R	O	N	U	E	Z	Z	X	G	M
W	P	H	T	Y	E	U	T	E	R	H	E	R	Z	T
I	B	A	I	A	F	F	Z	W	U	J	S	E	E	K
C	A	V	A	L	E	T	T	I	A	R	B	E	I	T
S	D	S	P	R	U	N	G	P	X	V	E	M	T	P
P	V	T	K	E	H	R	T	V	O	L	T	E	X	N
U	T	E	N	R	W	V	D	F	K	O	X	X	H	W
Y	B	C	R	O	D	E	O	Q	D	H	U	N	A	K
N	N	H	W	G	E	B	I	S	S	J	K	F	R	D
C	S	N	A	D	E	L	S	T	R	I	E	G	E	L
K	P	I	E	P	Y	M	P	K	R	Q	D	C	N	G
H	S	K	T	L	E	B	E	R	E	W	K	Q	A	T

ARENA – CAVALETTIARBEIT – EUTER – GEBISS – HERZ –
KEHRTVOLTE – LEBER – NADELSTRIEGEL – PLASTRON –
RODEO – SCHULTERBLATT – SPRUNG – TECHNIK –
VOLTIGIERANZUG – ZEIT

SPRINGEN

MITTEL

LÖSUNG – SUCHSEL 34

S	B	X	O	J	P	A	U	F	L	A	G	E	N	M	K	C	A	U	Z
T	A	C	R	J	W	F	S	K	U	I	L	E	H	T	A	P	Q	P	I
S	F	U	A	Q	D	F	P	X	X	E	P	I	E	P	G	U	V	O	S
M	Z	A	S	C	S	T	R	E	N	S	E	C	R	Y	A	N	S	D	N
H	I	W	E	S	F	J	I	M	K	K	N	M	L	B	L	K	E	K	I
M	K	D	G	T	E	Y	N	A	H	W	V	D	A	E	O	T	O	N	N
Y	A	H	E	E	L	B	G	Q	G	U	F	U	B	S	P	E	U	V	E
A	B	U	P	H	L	R	T	I	J	A	A	P	U	N	P	S	B	L	S
T	O	M	E	E	E	B	U	K	W	B	U	W	D	W	S	P	C	T	O
B	Z	X	A	R	K	Y	R	C	J	S	E	P	B	K	P	R	J	T	P
D	A	B	X	S	I	X	N	A	J	Z	D	Y	N	M	R	I	J	H	I
O	U	V	H	K	Z	B	I	Q	X	V	W	C	L	P	Ü	N	D	D	N
W	M	Z	H	I	N	D	E	R	N	I	S	S	T	A	N	G	E	N	H
O	Z	G	C	F	B	S	R	W	I	R	O	S	G	Z	G	P	C	R	V
L	E	H	D	I	S	Q	U	A	L	I	F	I	Z	I	E	R	U	N	G
G	U	G	E	A	H	M	X	I	V	V	M	W	R	H	R	Ü	V	C	A
X	G	Y	M	N	A	S	T	I	K	R	E	I	H	E	N	F	V	J	T
E	T	W	K	T	Q	J	S	Q	H	O	B	K	S	J	P	U	E	U	M
F	Z	Q	T	K	O	P	N	S	F	Z	I	E	L	Y	I	N	H	S	W
S	P	R	I	N	G	P	L	A	T	Z	B	J	F	G	P	G	T	H	K

AUFLAGEN – DISQUALIFIZIERUNG – GALOPPSPRÜNGE –
GYMNASTIKREIHEN – HINDERNISSTANGEN – MAUER –
PUNKTESPRINGPRÜFUNG – SPRINGPLATZ – SPRINGTURNIER
– STEHER – TRENSE – ZAUMZEUG – ZIEL

WESTERN

MITTEL

LÖSUNG – SUCHSEL 35

```
L  T  P  T  D  X  C  P  R  U  H  H  O  W  R  D  Q  R  R  U
V  E  E  D  F  L  L  T  A  N  D  F  E  M  S  M  O  R  I  Y
X  H  I  M  R  B  H  F  T  J  W  B  Q  I  K  J  X  Z  H  C
S  F  R  Z  P  R  K  A  L  G  J  B  D  W  F  X  Z  Y  P  B
U  U  B  Ü  D  O  V  I  R  A  S  S  E  W  B  O  A  G  E  H
W  W  T  G  C  S  W  S  R  Y  A  Q  X  G  V  O  Q  M  A  I
S  D  A  E  W  K  E  E  J  K  O  A  K  N  L  K  S  T  F  U
K  A  Q  L  G  E  W  I  C  H  T  S  H  I  L  F  E  P  F  N
Z  B  H  F  K  V  S  Ä  T  H  T  Q  K  Z  G  M  M  N  W  A
H  V  A  Ü  U  P  Y  T  R  E  S  E  F  V  Y  E  H  A  D  J
I  W  T  H  L  O  D  W  E  T  N  E  S  M  V  U  A  Y  M  L
N  A  H  R  F  J  U  A  O  R  S  G  L  N  A  U  O  W  B  Y
D  K  F  U  E  K  G  L  R  V  N  R  Ä  M  L  A  U  R  R  B
E  P  N  N  V  K  A  K  L  E  L  R  I  N  U  I  O  C  I  X
R  A  P  G  F  X  U  R  R  K  N  I  E  C  G  H  N  X  D  W
N  X  T  I  L  B  U  S  T  J  E  A  V  I  H  E  G  D  L  W
I  N  G  K  R  S  J  O  R  C  P  Z  L  T  T  T  L  W  E  D
S  B  H  S  D  F  E  E  E  Y  A  O  R  X  Z  E  E  Y  K  L
S  E  U  O  B  A  M  H  L  F  J  L  H  I  D  W  N  N  D  T
E  K  Y  Z  N  I  I  D  R  E  H  U  N  G  D  N  P  T  S  K
```

ARENA – BRIDLE – DREHUNG – GEWICHTSHILFE –
HINDERNISSE – LINDEL – RASSE – RÜCKWÄRTSRICHTEN –
SEITENGÄNGE – TEMPOWECHSEL – WALK – WESTERNREITEN
– ZÜGELFÜHRUNG

VOLTIGIEREN
SCHWER
LÖSUNG – SUCHSEL 36

```
W G B N S G P X Z Q U E R S I T Z K M S
J U E D D X D N Q F R V H L M O J K T W
Q I R R C V K Z J H L O E I V N U G F X
B K G C D H X N M B X L R E T N Q L Q N
E V D O P P E L V O L T I G I E R E R O
Y E L N O K E Y T M M I X E M N U I Z B
H D U F A W Y R A B B G Y S Y P V C L Z
C C N M E T N P X G X I I T B F E H J U
X K R A F T S Q U B Z E E Ü H E C G Q O
Z A A R T M W R H H I R A T Y R I E D S
O Z N F I S K S E T S A I Z C D A W A A
R G R N C E N T X T U N T E R V A I L W
O T Z Y P C N E M Y L Z H N L U V C T A
X X A Z O H V H K I B U Y I T J K H Z N
U S U Z R G H E A C W G H P P L L T Z O
Z F M T F F U N W F A V S C N Y R I T G
T E Z W X D R I J K O N T W S H H O T B
V V E K H D R T H I L F S Z Ü G E L G R
P G U V O Q P V Q C T N Z F G I H Q Y J
W N G A D W V A U S B I N D E Z Ü G E L
```

AUSBINDEZÜGEL – DOPPELVOLTIGIERER – FAHNE –
GLEICHGEWICHT – HILFSZÜGEL – KRAFT – LIEGESTÜTZE –
NACKENSTAND – QUERSITZ – SCHULTERSTAND – STEHEN –
TONNENPFERD – VOLTIGIERANZUG – ZAUMZEUG

MIX
SCHWER
LÖSUNG – SUCHSEL 37

```
K U D N A T S R E T L U H C S A H N T B
S K G D E G N U M A F U W E B L A F W I
J L J I V N G O N A H S Z Y R T O V O R
J Z T G O O H N S D G W Y G N D B N Q U
S E D K C U L T U H E S K Z C G S F U B
Y Y X I I T W T I M J Y N Ü S T E R N B
R ö H R E N B E I N H N N R U E W P N A
G J A X R W N R I G A E E N V D I E X N
R S H D K E D Z O W I V N B G W H K K E
D N A T S E T K N U P E S T P B N C I K
G E L Ä N D E H I N D E R N I S S E H C
R W D D C O W G I R L K D E W E I H G E
I Q J X D O J B D L J Y N N R X Z C Y D
V P B P L B Z J D Y F N M I E E Q S K L
H A Q I A I O M A J D S U A O L Y R A L
T K T C R M L O N Y J J Z W T E B E X A
V X N P N R U X U L Y Y E Ü O N A G W T
S S Q J O H A U F S P R U N G H G I D S
L O R N S X C S L Q U F Z A P E S T V W
M O I G K B K F Y N T Y Z T H Y L B W E
```

AUFSPRUNG – COWGIRL – FALBE – GELÄNDEHINDERNISSE –
HILFSZÜGEL – KINN – LENDE – NÜSTERN – PUNKTESTAND –
RÖHRENBEIN – SCHULTERSTAND – STALLDECKE –
TIGERSCHECKE – VOLTIGIERER – ZEITNEHMUNG

MIX
LEICHT
LÖSUNG – SUCHSEL 38

```
V B D R R Z N Q H T L T U I W I I N Z C G Q M S H
M S T A N G E N A R B E I T Q T L L G I V Y E L Q
U M X D B X V Y N A T H D H L L L F K H D S J T G
A F A B N R E W X B O L H V P O K Q O C S X U N X
I E D E V F O K H I N D E R N I S S T A N G E N R
D S H W C K Q T S Y O Q N Ü B B N N V Y Z V K B R
K S W E L U X V P V J R S C H W E I F R Ü B E F P
R E F G B S A H Z R D I C K D A R M P L P Z J K Q
S L O U V O R D E R F U ß W U R Z E L G E L E N K
G B W N K Z Q C Z M W I H Ä O Y X M M B P M H I C
X E B G E E R E D B G A V R L V X Q D K Y S J E M
M I N O L D Q F G U E X H T I T B J A N W A E G E
Z N J L Y C K F W O R J T S V N A X A W O B V E P
K J X H M F G R A B E N Y R E X L A D C J E Y L G
G T D H A L U A C K J D W I N H L E P F J M X E A
C V P M F N U T V S A U X C K V E I F B M K X N H
X L Q N E Q S G L G K T F H O K N E J U E R T K V
L T G Z M L F T W W S M U T P V V D V T P I H K I
I F F O W G U I L K L E S E F K I W R Y W N K N G
X N G L A C S S W W D F S N T U V T F L X T L E S
E Q U X Y D A I R P I C L T R Z J L G L V F J A A
U C O T Z V R Y C W U M F Y E V T Z P K Y B T V P
F U E X C O O X T W A J L L N J L A T B X W J L N
H V R Y R W B W T R T M L S S I U A J Z P D J V L
X G M J T C M R R L L I N D E L L M T N N T X R L
```

BALLEN – DICKDARM – FESSELBEIN – GRABEN –
HINDERNISSTANGEN – KNIEGELENK – LINDEL – OLIVENKOPFTRENSE
– RADBEWEGUNG – RÜCKWÄRTSRICHTEN – SCHWEIFRÜBE –
STANGENARBEIT – TRAB – VORDERFUßWURZELGELENK

VOLTIGIEREN

SCHWER
LÖSUNG – SUCHSEL 39

T	P	R	E	R	H	Ü	F	E	G	N	O	L	V	O
Y	P	N	K	D	U	D	H	P	F	N	I	X	O	C
L	O	C	A	K	S	P	R	U	N	G	P	L	L	P
J	L	Y	P	Ü	Z	A	B	G	A	N	G	E	T	F
P	A	Y	P	R	L	S	E	T	S	U	N	S	I	C
S	G	S	Z	E	E	E	Y	F	T	W	R	I	G	X
J	N	S	A	L	W	E	W	F	R	H	N	N	I	R
W	C	T	U	E	U	J	B	E	J	C	Q	N	E	M
I	N	N	M	M	U	A	Z	N	E	S	N	E	R	T
Y	H	V	W	E	H	O	Z	H	K	Z	D	G	E	G
F	B	G	U	N	T	T	M	K	N	T	R	A	R	R
B	X	N	K	T	X	S	Y	R	Z	Ü	E	D	D	U
N	L	E	Z	N	I	E	Q	H	R	T	F	N	C	P
L	W	V	R	U	Z	U	X	T	R	S	P	A	T	P
F	Z	Z	N	R	T	N	M	E	G	B	E	B	T	E

ABGANG – BANDAGEN – EINZELN – GALOPP – GRUPPE – KAPPZAUM – KÜRELEMENT – LONGEFÜHRER – PFERD – RHYTHMUS – SPRUNG – STÜTZSCHWUNG – TRENSENZAUM – VOLTIGIERER

SPRINGEN

MITTEL

LÖSUNG – SUCHSEL 40

M	H	O	B	L	N	G	T	N	W	H	V	T	N	L
X	D	Q	D	I	S	T	A	N	Z	B	A	K	Z	A
S	G	D	S	L	M	L	H	M	W	G	Y	L	D	V
T	B	T	P	M	R	C	R	V	A	U	R	E	L	D
E	A	F	R	S	G	K	B	Z	R	S	I	Q	I	E
I	N	P	I	I	Z	Ü	G	E	L	H	C	H	N	V
L	D	C	N	H	P	J	O	H	V	O	H	H	Z	U
S	A	K	G	P	S	L	D	V	I	C	T	Q	E	N
P	G	H	P	J	T	G	E	E	A	H	E	R	L	N
R	E	B	R	F	A	A	T	B	D	S	R	Q	V	A
U	N	Y	Ü	E	N	W	X	K	A	P	L	N	U	A
N	M	O	F	F	G	X	R	K	H	R	B	L	D	R
G	E	X	U	A	E	F	L	S	S	U	R	M	W	W
V	L	E	N	A	N	M	R	W	N	N	M	E	A	M
E	T	R	G	H	M	B	P	I	K	G	Z	E	I	T

BANDAGEN – DISTANZ – GAMASCHEN – HALLE –
HOCHSPRUNG – OXER – RICHTER – SPRINGPRÜFUNG –
STANGEN – STEILSPRUNG – TRIPLEBARRE – ZEIT – ZÜGEL

MIX
LEICHT
LÖSUNG – SUCHSEL 41

```
W C H H J A I Z Z U E I N S I C E S D N O J L Q W
R X U J W O D E K L A W T W E L B T F S G I Y E N
G E S C H I C K L I C H K E I T S A U F G A B E N
X A R P S E W K T Q Y J S C H W A N E N H A L S X
M W M Y H V H V R E H H D I B I N D W B I U F D W
N H I N D E R N I S R T S D T Q B S A N M B L G U
W Z G S H X V S V I H D D E I S N P U K H V N R K
P S J P W T Ö L T B I I U R I N M A S C A X R A Y
U L A R L W Q R R E J I C Z P F O G B J I H S Q H
T B L E Z C G R L Z W T L W E Z U A I E I R U U M
Z K O G V N T X X H V X J R L G I T N R S O W D P
Z C A L E N D E N W I R B E L J C D D B Q T K K H
E H B Q Z G I X G T K I N N G R U B E M H S O C L
U T G O P P Q S Z T F M P W S A D P Z O B C C D R
G A O O H R E G K F V M Z R U K R P Ü F E H L E R
H U P C O E C O Z A R P O M H G E A G B M I J C J
D D U J X I R T A Q E Z Q L S I Z N E K J M G U I
E H F F U J D M U I M E J T N R Z Q L U B M K T L
O V O L T I G I E R G U R T P I L Y R L I E D T D
T F B N Q C U U B H D M N X U M X Z R T H L Z I T
N P E P M H F L Z E I T S P R I N G P R Ü F U N G
Q H R B Z Q F D A J E X W K U P V I Q P F R C G E
A K A D B R L G N U E O X N X R W J L B Q J R F R
A R R S K X P G Z J R A C K N T P S Y B D R P I S
U W M N B I V C A B V N I P G G S E T D U M X Y N
```

AUSBINDEZÜGEL – CUTTING – FEHLER – GESCHICKLICHKEITSAUFGABEN –
HINDERNIS – KINNGRUBE – LENDENWIRBEL – OBERARM – PUTZZEUG –
ROTSCHIMMEL – SCHWANENHALS – STANDSPAGAT – TÖLT –
VOLTIGIERGURT – ZEITSPRINGPRÜFUNG

PFERDESKELETT

LEICHT

LÖSUNG – SUCHSEL 42

```
L P D S Q H P M A X U C J I O C D D T K U W T H R
B K E S U A L T Y M O N U I Q L F Y Y U I T L A D
P M W A E H A L C J B A B U V I E Y H H U Q S L Q
L N U P U Q X X C K Y R Ü C K E N W I R B E L K G
V D E Q L Y U T G X Z S G U U M K D N J J O O N H
A B A T E E X A H N R X X H D S K F T O Y N Q I E
A A M R T V I D T U L V M Y W E E R E D E I J E Y
U L E N D E N W I R B E L H K H L P R N Y M H G C
A B O B E R S C H E N K E L B E I N M D C B I E H
B M I L L B K O E H D F M P I W A L I E H R O L L
U N T E R S C H E N K E L B E I N N T G M R F E I
P U H E D E U G Q Z Q Q D G A S I M T N N H T N D
C Q Q W E N S L W M X J J G G A Z T E U G L N K Y
J V O N Y B C O A U B O S V U E E I L R T V Y B E
B Z D K N E H I Y C H Y G S Q A E S F M G Z W H M
J H U B L I U R M H C I B K R C G K U O W U R X F
G N J G O N L A M R Q R Q N I L P S ß Q H I A Q F
V D R N C E T S P R U N G G E L E N K K V Y B A R
E D V O R D E R M I T T E L F U ß K N O C H E N I
Q O P S D A R M B E I N I O L Y Z S O N M J R O T
F E S S E L B E I N I S T D T T M K C A E M X S U
Y S M F D D L M D P G C U M S R U M H L C F N F U
A N J S E S A M B E I N X A M S B K E G L N V U L
U A H H B V T A E T R U R U P G D T N P K A M L M
A O G U V L T N V S V A Y M D Z Q P H G C E D M X
```

DARMBEIN – ERBSENBEIN – FESSELBEIN – HINTERMITTELFUßKNOCHEN –
KNIEGELENK – LENDENWIRBEL – OBERSCHENKELBEIN – RÜCKENWIRBEL
– SCHULTERBLATT – SESAMBEIN – SPRUNGGELENK –
UNTERSCHENKELBEIN – VORDERMITTELFUßKNOCHEN

MIX

MITTEL

LÖSUNG – SUCHSEL 43

```
B F I B B Y G E Z A M B S I O G W N J L
L G G C Q O R I I B A D D R B C K L S A
D M G V H I N D E R N I S F E H L E R N
S T E R Q E M Q L P H I U O R V S T U A
F X W S J Y V F P I M D J T S L T O W H
A U I E Q U A D R I L L E M C D A N X S
L I C H T F U C H S D P O R H A N W B C
U D H E A U S R Ü S T U N G E D D B C H
X T T C D I K S R D S Y A N P W E H W
C W S I O M P I H Y O A S S K O A S B E
I N H S Z N C S I S K K R B E E A R R I
U W I K M E N S J N G T V M L X G Ü N F
V O L T I G I E R P A D Q W B O E C J B
A E F D X P I N N O K R X I E E C K E Y
R U E D S E Y E N P S T Q S I X I E V A
Q B V Q R O N E V H F O X U N E J N J A
D T L N M L T Y Q R F E R S E N B E I N
U X V T J I W S R H U E R O N P B Z C A
G T V N X P B R X A M M J D T H F A R S
T E I I R O F Y K T T K S X C S I P R G
```

AUSRÜSTUNG – DARMBEIN – FERSENBEIN – GEWICHTSHILFE
– HINDERNISFEHLER – KISSEN – LICHTFUCHS –
OBERSCHENKELBEIN – QUADRILLE – RÜCKEN – SCHWEIF –
STANDWAAGE – TONNENPFERD – VOLTIGIERPAD – ZIEL

GRUNDAUSSTATTUNG
SCHWER
LÖSUNG – SUCHSEL 44

K	R	M	Y	V	G	J	Z	O	J	G	S	A	Y	G
A	H	Y	A	R	P	S	N	E	N	H	Ä	M	A	U
D	U	U	K	C	I	R	T	S	W	K	B	S	R	E
N	O	A	N	J	W	L	I	M	G	C	H	X	P	Z
A	S	U	O	S	J	V	I	R	P	A	Y	M	S	Z
V	H	T	T	M	C	U	W	X	V	G	I	K	N	T
O	I	Z	E	D	D	H	U	B	Q	D	U	Z	E	U
R	L	Z	N	I	O	Z	A	U	M	Z	E	U	G	P
D	F	T	H	E	G	O	L	B	H	Z	Ü	G	E	L
E	S	Y	A	Q	K	B	R	H	R	L	F	B	I	A
R	Z	T	L	T	N	C	Ü	D	Q	A	R	U	L	S
Z	Ü	S	F	A	W	K	E	G	E	N	C	P	F	P
E	G	U	T	M	T	F	S	D	E	C	R	K	S	R
U	E	O	E	H	I	F	I	G	N	L	K	Q	E	I
G	L	R	R	L	I	N	Z	E	I	Z	R	E	V	T

DECKEN – FLIEGENSPRAY – HILFSZÜGEL – KNOTENHALFTER – MÄHNENSPRAY – OUTDOORDECKE – PUTZZEUG – SCHABRACKE – STEIGBÜGEL – STRICK – VORDERZEUG – ZAUMZEUG – ZÜGEL

MIX

SCHWER

LÖSUNG – SUCHSEL 45

E	S	T	A	N	G	E	N	E	K	C	E	D	K	L
Z	N	C	Y	K	O	S	U	K	X	S	K	Z	L	I
G	R	I	H	I	N	D	E	R	N	I	S	S	E	E
Z	Q	U	E	W	F	U	J	I	Z	A	R	A	S	G
N	U	U	I	B	E	D	A	R	N	Q	I	K	L	E
E	F	L	E	B	R	I	W	N	E	K	C	Ü	R	S
R	F	Q	Z	R	X	E	F	S	D	L	D	C	X	T
H	E	W	W	E	S	L	D	A	V	E	Z	S	L	Ü
O	S	A	R	W	E	I	Y	R	N	P	T	U	E	T
D	S	H	Q	G	F	V	T	Q	O	S	F	O	K	Z
S	E	O	B	I	T	K	L	Z	Z	V	A	Q	R	E
G	L	E	I	C	H	G	E	W	I	C	H	T	I	N
F	E	A	W	K	K	R	C	U	C	H	I	B	Z	M
O	B	B	B	A	H	N	F	I	G	U	R	E	N	Q
F	H	R	D	X	Q	J	L	Z	A	T	D	M	Z	E

BAHNFIGUREN – DECKEN – FESSEL – GLEICHGEWICHT –
HINDERNISSE – KNIE – LIEGESTÜTZE – OHREN – QUERSITZ –
RÜCKENWIRBEL – SCHWEIFANSATZ – STANGEN – TOR –
VORDERBEINE – ZIRKEL

DRESSUR

SCHWER

LÖSUNG – SUCHSEL 46

Y	F	F	D	O	X	F	I	O	R	T	D	D	I	V	G	J	V	Z	G
J	M	H	S	D	W	V	O	C	L	C	X	M	U	K	Z	Y	F	H	S
R	W	I	R	K	J	X	E	I	Z	T	Z	D	E	C	S	M	X	G	C
U	H	L	E	G	V	T	A	H	U	X	D	A	A	A	S	J	N	E	H
X	C	I	V	B	V	U	O	B	J	E	S	N	E	R	T	S	X	T	L
S	T	A	N	G	E	N	T	R	E	N	S	E	Y	F	H	P	L	E	A
O	F	K	E	T	P	J	I	O	P	E	L	L	I	R	D	A	U	Q	N
U	C	H	R	A	E	F	T	S	F	K	D	B	H	U	H	S	G	L	G
J	Q	O	W	W	B	R	L	I	Y	L	G	Z	X	S	I	S	D	E	E
A	D	Z	D	G	K	N	H	I	M	Q	W	Y	A	S	T	A	S	E	N
H	P	H	N	D	C	U	R	A	K	B	P	L	H	E	T	G	U	N	L
K	D	E	H	M	R	A	R	E	N	M	E	I	T	R	Z	E	S	Q	I
H	U	E	Z	B	B	B	Q	Z	F	D	V	N	R	D	S	I	K	V	N
X	J	H	Z	G	J	F	J	Q	K	E	W	D	E	N	K	H	F	P	I
C	E	K	Z	V	E	B	S	E	S	E	P	E	E	I	R	R	G	Z	E
Y	B	W	H	L	O	K	I	N	M	T	H	R	N	B	N	K	R	E	J
A	R	P	B	N	V	B	V	N	F	R	S	R	N	D	F	A	H	Q	U
D	H	Q	R	D	S	D	A	X	C	E	V	T	T	S	U	Q	Q	G	R
E	D	D	A	A	I	W	A	S	S	E	R	T	R	E	N	S	E	J
S	K	V	E	T	T	E	U	O	R	I	P	P	P	O	L	A	G	I	X

DRESSURFRACK – GALOPPPIROUETTE –
HINTERHANDWENDUNG – KURZKEHRT – PASSAGE –
QUADRILLE – RENVERS – SCHLANGENLINIE –
STANGENTRENSE – TRENSE – WASSERTRENSE – ZYLINDER

MIX

MITTEL

LÖSUNG – SUCHSEL 47

X	F	W	I	N	L	R	U	M	P	F	F	M	H	N	G	V	Q	A	U
L	Z	Ü	G	E	L	F	Ü	H	R	U	N	G	I	Y	R	S	N	J	X
L	V	F	U	B	Y	I	U	J	Y	Z	U	A	N	K	G	M	O	P	J
D	W	O	D	N	T	D	E	F	O	H	B	U	T	N	S	G	H	P	U
M	A	L	R	I	T	P	E	W	D	E	A	L	E	I	B	V	F	O	Z
J	O	B	A	D	S	T	A	N	G	E	N	T	R	E	N	S	E	E	E
T	C	U	U	O	E	Q	L	I	B	D	D	R	B	N	S	O	S	K	M
K	A	T	T	S	P	R	U	T	I	F	A	E	E	Q	G	Z	S	W	N
H	A	R	L	D	C	N	H	A	Q	C	G	D	I	Q	M	A	E	Z	P
V	O	A	J	O	O	H	L	A	L	S	E	O	N	M	W	S	L	N	D
R	H	B	O	P	N	O	W	G	N	I	N	M	E	S	P	T	B	Y	Y
R	G	S	F	W	A	G	R	E	E	D	F	L	G	Z	D	D	E	C	K
A	G	P	Z	B	R	R	E	D	I	C	W	I	R	M	D	G	U	N	W
M	D	R	U	D	T	I	E	V	E	F	F	E	Z	H	Q	L	G	E	P
S	U	Ü	U	S	H	M	S	R	C	C	W	Q	N	I	N	Z	E	C	V
K	D	N	C	S	Y	M	L	S	J	I	K	I	L	D	E	J	J	U	N
O	T	G	J	E	U	D	C	B	E	I	D	E	R	N	U	R	D	S	U
P	A	E	T	U	H	A	H	T	R	Z	L	E	V	B	M	N	U	H	L
F	Q	L	M	M	J	R	W	U	I	E	M	E	E	C	E	M	G	N	X
P	D	E	A	A	Y	M	V	W	C	A	A	Q	L	C	R	L	Q	Y	G

BANDAGEN – DISQUALIFIZIERUNG – FESSELBEUGE – GRIMMDARM – HINTERBEINE – KNIEN – LONGE – OUTDOORDECKE – RAMSKOPF – RUMPF – SCHWEIFWIRBEL – STANGENTRENSE – TRABSPRÜNGE – VORDERHANDWENDUNG – ZÜGELFÜHRUNG

VOLTIGIEREN

LEICHT

LÖSUNG – SUCHSEL 48

U	C	D	R	E	I	E	C	K	S	Z	Ü	G	E	L
Q	P	A	N	L	U	Q	K	W	T	C	B	I	F	A
K	V	O	L	T	I	G	I	E	R	E	N	P	B	I
E	S	H	T	R	A	B	O	E	E	Q	A	L	V	X
Q	P	C	U	X	G	C	A	S	I	B	U	H	O	C
P	A	S	N	C	M	B	G	M	C	C	S	O	C	S
N	G	R	S	A	A	T	O	R	H	U	R	L	A	Y
Z	A	T	P	F	K	K	Z	U	K	U	Ü	Z	D	J
L	T	X	N	L	Ü	L	X	P	A	D	S	P	S	E
F	O	F	C	A	R	O	W	I	P	A	T	F	P	J
E	J	X	B	N	K	N	U	G	P	L	U	E	O	X
F	S	H	Y	K	R	G	M	H	E	Y	N	R	W	R
R	A	D	B	E	W	E	G	U	N	G	G	D	Y	L
U	E	H	O	I	D	H	M	J	Y	X	I	W	A	V
G	W	O	G	R	U	N	D	S	I	T	Z	F	I	C

AUSRÜSTUNG – DREIECKSZÜGEL – FLANKE – GRUNDSITZ – HOLZPFERD – KÜR – LONGE – PAD – RADBEWEGUNG – SPAGAT – STREICHKAPPEN – TRAB – VOLTIGIEREN

MIX
LEICHT
LÖSUNG – SUCHSEL 49

```
N D O W D S F E S S E L K O P F Z N E D Y U W Y I
Y L I G H D L S E S A M B E I N J M M D D P A D S
R C Q I K K D F P A R G D O A X A V O D S Z Q S Z
N E Y M D L V D P F A Z V H E K S H X N X W I A X
B N E R B W C A O Q L K K I S M Q R G Y U C D T N
Y H Y H X Q C H D T I L X N A Y G R U N D S I T Z
J I R L O N G I E R G U R T P B K F A P L E N E M
Q R K K S T D Y Y O A F A E D L E G G J U J V L S
U Z Q E R K B W T Z U V C R A V X L X Y V O X D B
A Q Z X N Q O E U T F T E M C R C I O B Z R Z E J
X N V T U U T J W R L W Q I N H Q Y Q Q B A B C S
B R U B A B I T B A U C H T V N P Z Y X T P W K Y
I Z G V I F R H A V W O W T W R E I A L W P D E H
B X M Y W U N I I E F P S E K R A O U P I E A L S
Y A S W Y V S P J R G C R L R H E V F P I G B N R
F E J W V R D L A S H J N F Q A K V F B D L C N M
F H V A N H V F U A I F B U V O R D E R R Ö H R E
Y D J G G N O L O L Z S V ß A A K T Z J T U Y I I
A U D D N J L H J E T H A K P W Q H G V R X J Z U
E S A R Z K W Q E D V M J N N T N T E B Q K U C O
Y X S O G S G A U Q B B K O M B I N A T I O N T U
I E M T P L A M E Z S T E C H E N R A R D Z W K U
A T P H Y O U H Z W E R C H F E L L Y G V R N U A
S L M M A P W U D D O P P E L R I C K Z M Y B O S
J Z U Z I F V F Y U K T G N B D Y V O D O X M F O
```

BAUCH – DOPPELRICK – FESSELKOPF – GRUNDSITZ –
HINTERMITTELFUßKNOCHEN – KOMBINATION – LONGIERGURT –
PAD – RAPPE – SATTELDECKE – SESAMBEIN – STECHEN –
TRAVERSALE – VORDERRÖHRE – ZWERCHFELL

KÖRPERTEILE

LEICHT
LÖSUNG – SUCHSEL 50

```
B W D E G D R G Z R R I Z O H U Y M H Y D Z E K S
D R O S S E L R I N N E Y P Y H Z F O E U Z O N E
Z Z S C B J Z B P S P L H S K P M L H Y M F Q I U
S G I I M N I M C X N V D L V B C F I V N K G E G
T H O U B A U C H N N B B W O W Z I T N M N S W Y
I A M T P A H H D E J J F A T B S T F T Ä Z Y Y T
R E Z X R E V G N C W Y L M I W C L K D H R E K V
N T I H Z Y W Y D M O I A J D W H C S Y N F S B G
H G Q S J R U U O Y D A N E D H W U P B E U J K D
H T Z T L C Y L S K Z L K X F P E O U A N V W P Z
K K G H S K F T U O Y R E J Q U I R F M K N E O Z
H E R K O F Y V H U F K R O N E F D F U A X O S Z
D C R Y B R T E N A R H A Z C U A O C R M U X Y S
Q X B W T S A V R Y I A L D M T N G C N M T Q L Q
E K M I A V N A Ö H D L B G W E S T M W A P F V K
O A E H F C S C H L A U C H E H A L O A M N U L R
Y L C X T N F J R L S C P H M R T B A O F P D I A
G L I N V O R D E R F U ß W U R Z E L G E L E N K
S F C P U L T C N R P N T W I O A N R N E P B M F
T W Q R J H W T B T B V A H P T H A Q H Y U U B F
F U A B G Y S A E Z T K C D Y R E D F P Q H W X
G R I I V Q H O I A B D X G L U U T T W Z E E M L
B R U E W C Q A N Y U P N M E O C L P I R Y R Q I
W Y Z D G M X R X A V B E M S N A W O P U H F T F
F E S S E L D V Z F I X Y I M E W Z T S X E H L N
```

BAUCH – DROSSELRINNE – FESSEL – FLANKE – HUFKRONE –
KNIE – MÄHNENKAMM – RÖHRENBEIN – SCHLAUCH –
SCHWEIFANSATZ – STIRN – VORDERFUßWURZELGELENK